200
recetas para guisos

200
recetas para guisos

BLUME

Joanna Farrow

BLUME

Título original:
200 One Pot Meals

Traducción:
Remedios Diéguez Diéguez

Revisión técnica de la edición en lengua española:
Eneida García Odriozola
Cocinera profesional
(Centro de formación de cocineros y pasteleros de Barcelona Bell Art).
Especialista en temas culinarios

Coordinación de la edición en lengua española:
Cristina Rodríguez Fischer

Primera edición en lengua española 2010
Reimpresión 2011

© 2010 Naturart, S.A. Editado por BLUME
Av. Mare de Déu de Lorda, 20
08034 Barcelona
Tel. 93 205 40 00 Fax 93 205 14 41
e-mail: info@blume.net
© 2008 Octopus Publishing Group, Londres

I.S.B.N.: 978-84-8076-903-7
Depósito legal: B. 806-2011
Impreso en Tallers Gràfics Soler, S.A.,
Esplugues de Llobregat (Barcelona)

WWW.BLUME.NET

En las recetas que se presentan en este libro se utilizan medidas
de cuchara estándar. Una cucharada sopera equivale a 15 ml;
una cucharada de café equivale a 5 ml.

El horno debería precalentarse a la temperatura requerida; siga siempre
las instrucciones que marca su horno.

Deben utilizarse hierbas frescas, a menos de que se indique
lo contrario; deben utilizarse huevos de tamaño mediano,
salvo que se indique lo contrario.

Las autoridades sanitarias aconsejan no consumir huevos crudos. Este libro
incluye algunas recetas en las que se utilizan huevos crudos o poco cocinados.
Resulta recomendable y prudente que las personas vulnerables, tales como
mujeres embarazadas, madres en período de lactancia, minusválidos, ancianos,
bebés y niños en edad preescolar eviten el consumo de los platos preparados
con huevos crudos o poco cocinados. Una vez preparados, estos platos
deben mantenerse refrigerados y consumirse rápidamente.

Este libro incluye recetas preparadas con frutos secos y derivados de los
mismos. Es aconsejable que las personas que son propensas a sufrir
reacciones alérgicas por el consumo de los frutos secos y sus derivados,
o bien las personas más vulnerables (como las que se indican en el párrafo
anterior), eviten los platos preparados con estos productos. Compruebe
también las etiquetas de los productos que adquiera para preparar los alimentos.

Este libro se ha impreso sobre papel manufacturado con materia prima procedente
de bosques sostenibles. En la producción de nuestros libros procuramos, con
el máximo empeño, cumplir con los requisitos medioambientales que promueven
la conservación y el uso sostenible de los bosques, en especial de los bosques
primarios. Asimismo, en nuestra preocupación por el planeta, intentamos emplear
al máximo materiales reciclados, y solicitamos a nuestros proveedores que usen
materiales de manufactura cuya fabricación esté libre de cloro elemental (ECF)
o de metales pesados, entre otros.

contenido

introducción

introducción

Algunos de los platos más deliciosos que existen, ya sean guisos calientes y reconfortantes o asados y horneados, se preparan en un solo recipiente. La mayoría de los platos calientes se cocinan poco a poco, a fuego lento, lo que asegura que los ingredientes queden muy tiernos y absorban los sabores de las salsas o los caldos que los acompañan. Con este tipo de platos, la tarea del cocinero se simplifica porque se requiere una preparación mínima antes de añadir todos los ingredientes. Además, las recetas se pueden preparar con antelación y ponerlas a cocer a fuego lento o a horno suave. Se ensucian muchos menos utensilios que en otro tipo de preparaciones. En la mayoría de los casos, los tiempos de cocción son muy flexibles y los platos no se estropearán si se dejan un poco más de tiempo en el horno.

equipo

El éxito de estos platos depende en gran parte del uso de utensilios de buena calidad. Para las recetas de este libro se han empleado diversos recipientes, sartenes y fuentes de horno. Cuanto más resistentes sean, más durarán y más cómodo resultará su uso.

ollas refractarias

Son las más útiles de todos los utensilios para guisar, ya que permiten empezar la cocción en los fogones (por ejemplo, para sofreír cebollas y dorar carne) antes de añadir otros ingredientes y pasar la olla al horno para cocinar a fuego lento y obtener unos resultados tiernos y apetitosos. Resultan especialmente útiles si desea preparar una receta y dejar que se vaya haciendo mientras se dedica a otras cosas.

En el mercado existen cazuelas esmaltadas de hierro fundido con asas resistentes al calor, en varios tamaños, igual que las cacerolas con el fondo grueso y dobles asas resistentes al calor. Si no dispone de cazuelas que sirvan tanto para el fuego como para el horno, utilice una sartén y pase los ingredientes preparados a una cazuela para terminar la cocción.

cazos

Existen cazos de diversos tamaños y tipos de metales. Los de buena calidad, con el fondo grueso, suponen una buena inversión, ya que no se deforman ni se queman durante la cocción. El reparto eficaz del calor permite preparar los platos a fuego lento sin el riesgo de que los ingredientes se peguen a la base. Los cazos sólidos, antiadherentes, también son una buena opción; resultan fáciles de utilizar y de limpiar. No lave estos recipientes en el lavavajillas (aunque sean resistentes), ya que pueden perder color.

sartenes para sofreír

Son sartenes grandes y poco profundas, pero con más fondo que las sartenes para freír. Resultan útiles para las recetas en que hay que dorar carne o pescado antes de añadir caldo, vino u otros líquidos. Una sartén para sofreír grande es una buena opción siempre y cuando tenga los lados altos para poder remover los ingredientes sin verter nada.

sartenes para freír

Varias recetas de este libro se preparan en una sartén grande con el fondo grueso; permite freír los ingredientes (*véase* pág. 10) e incorporar abundantes ingredientes. Algunas llevan tapa, aunque también se puede utilizar papel de aluminio.

woks

Los woks son perfectos para cocinar a fuego lento y al vapor, y para freír y sofreír. La base redonda está diseñada para hacer que el calor rodee todo el recipiente y los ingredientes se cocinen de forma rápida y uniforme. También son ideales cuando la

sartén que utilizamos habitualmente no es lo suficientemente grande para incorporar todos los ingredientes. Elija un wok con la base completamente redonda si tiene cocina de gas o con la base ligeramente plana si su cocina es eléctrica. La calidad de los woks varía considerablemente, pero merece la pena invertir en uno bueno.

fuentes para el horno

Cuando una receta se puede preparar directamente en la fuente, sin necesidad de freír primero ninguno de los ingredientes, una fuente de horno poco

El proceso favorece el desarrollo de un sabor agradable y aporta color a los guisos y asados. En muchas recetas se combina mantequilla con aceite para saltear. La mantequilla aporta sabor y el aceite evita que ésta se queme.

Antes de empezar, asegúrese de que la carne esté perfectamente seca; si es necesario, presiónela entre varias capas de papel de cocina y a continuación aderécela y rebócela en harina si la receta lo requiere. Caliente el aceite y la mantequilla en la olla o la sartén y añada parte de la carne; separe las piezas de manera que no se toquen. No añada demasiados trozos a la vez para evitar que la carne se cueza en su propio jugo. Fría las piezas agitando el recipiente con suavidad, pero sin darles la vuelta, hasta que estén bien doradas por abajo. Con una espátula de madera, gire las piezas hasta que se hagan por todos los lados, y finalmente sáquelas con una espumadera y póngalas a escurrir mientras se hace la siguiente tanda.

En algunos casos se doran las piezas enteras de carne en una sartén antes de asarlas en el horno. Siga el mismo proceso; sofría lentamente las piezas y no se olvide de los lados.

profunda que se pueda servir directamente en la mesa resulta muy útil en la cocina.

fuentes para asar

Las fuentes para asar tienen que soportar temperaturas muy altas, tanto en el horno como en los fogones. Resulta esencial que sean de buena calidad, que no se deformen y que no se peguen los alimentos. Dado que algunas recetas requieren una fuente grande a fin de que todos los ingredientes dispongan de espacio para caramelizarse en lugar de cocerse, elija la más grande que el tamaño de su horno le permita. Muchas fuentes para asar llevan asas que facilitan el manejo.

técnicas básicas

Saltear ingredientes, sobre todo carne, es uno de los elementos cruciales del éxito de estos platos.

ingredientes

En las recetas de platos calientes hay algunos ingredientes básicos que casi siempre están presentes. Tenga la despensa bien equipada con una selección de aceites, hierbas, especias, salsas y condimentos, que le aportarán una gran variedad de sabores. Compruebe las instrucciones de almacenamiento, ya que algunos ingredientes deben guardarse en la nevera una vez abiertos.

hierbas

Las hierbas son uno de los ingredientes más sabrosos y se pueden utilizar a voluntad. Sus sabores aromáticos se mezclan y complementan a casi cualquier plato de carne, pescado o vegetariano. Las hierbas más fuertes, como el laurel, el tomillo y el romero, suelen añadirse al principio del proceso de cocción, mientras que las más delicadas (como la albahaca, el cilantro, el eneldo y el estragón), se incorporan casi al final.

Las hierbas congeladas ofrecen un recurso útil, sobre todo las más delicadas, como el cebollino, el estragón, el hinojo y el eneldo. Si compra demasiada cantidad de hierbas frescas o si tiene un huerto, píquelas y congélelas en bolsas pequeñas. Las hierbas secas son la opción menos aconsejable, con la excepción del orégano (habitual en las salas de tomate). Las hierbas secas, además, se estropean en poco tiempo, pierden color y desarrollan un olor mohoso.

aceites

En la mayoría de las recetas se emplea aceite de oliva para freír, y resulta especialmente adecuado para los platos mediterráneos. La gama de aceites de oliva es muy amplia, desde los ligeros y suaves hasta los virgen extra, y todos sirven para freír. No obstante, es posible que prefiera reservar los aceites extra virgen para los aliños, dado su precio. Existen aceites de oliva con sabores, por ejemplo de albahaca, ajo o chile. También sirven para freír, aunque es mejor moderarse con el aceite con chile, ya que los de algunas marcas son muy picantes.

Cuando una receta no especifica un aceite concreto, puede utilizar uno vegetal (por ejemplo, de girasol, maíz o cacahuete. Algunos platos asiáticos requieren un aceite específico para sofreír o para wok. Se trata de aceites con sabores (por ejemplo, de ajo o de jengibre), aunque si lo prefiere puede utilizar un aceite normal.

pesto

Actualmente existen diversos tipos de pesto además del tradicional italiano a base de albahaca, piñones, aceite de oliva, ajo y parmesano. El pesto rojo, elaborado con tomates secos, está muy extendido; además, existen pestos con hinojo, berenjena o frutos secos. 1 cucharada de pesto ayuda a espesar una salsa con poco cuerpo, y también sirve como base para el plato caliente más sencillo

que existe, y que permite disfrutar de una cena
rápida: pasta con salsa pesto.

especias

Las especias añaden variedad a los platos, pero como
ocurre con las hierbas secas, se deterioran con
el tiempo. Compruebe el estado de sus especias
si las tiene desde hace tiempo; si han perdido
el aroma, deséchelas. Para la mayoría de recetas,
lo mejor es comprar semillas enteras (comino,
cilantro, hinojo y cardamomo, por ejemplo) y molerlas
en casa con un mortero. Si no tiene mortero, un cuenco

pequeño y el extremo de un rodillo de amasar
le servirán como sustitutos.

caldo

Un caldo sabroso y de buena calidad resulta esencial
para muchos platos calientes, ya sean de carne,
pescado o verduras. Actualmente existen buenos
caldos en polvo, ideales para tener en la despensa,
así como caldos ya preparados. Algunos están
envasados al vacío y no necesitan refrigeración;
los que se guardan en la nevera duran varios días.
No obstante, la mejor opción es preparar el caldo

en casa. Sólo lleva unos minutos ponerlo a cocer; después se hace solo. Una vez preparado, todos los caldos (ya fríos y colados) se pueden congelar en recipientes herméticos o en bolsas, de tres a seis meses.

puré de tomate

Ingrediente esencial de la despensa, el puré de tomate es un concentrado que aporta sabor y color a diversos platos. La pasta de tomate seco posee un sabor más dulce y es perfecta para los platos mediterráneos.

añadir más sabor con cáscara de limón rallada, frutos secos tostados, hebras de azafrán, hierbas picadas o aceites aromáticos, por ejemplo. Utilice el mismo método con el trigo bulgur, pero dejando que absorba el líquido 20 minutos. Algunas recetas incluyen la preparación de un acompañamiento aparte. Se trata de sugerencias sabrosas, pero no esenciales.

acompañamientos

Todas las recetas de este libro se preparan en un único recipiente, a menos que le apetezca mucho preparar un poco de puré cremoso o unas verduras para acompañar. Para su comodidad, y también para satisfacer a los más hambrientos, un pan sabroso, puesto a calentar un poco antes de que el plato esté listo supone el acompañamiento más cómodo para estos platos. Una ensalada verde también es un buen acompañamiento.

El arroz y los fideos precocinados son buenos ingredientes para tener en la despensa y resultan fáciles de preparar (además, se pueden añadir al plato ya preparado antes de servir). También conviene tener en casa cuscús, muy fácil de preparar. Para cuatro raciones, vierta 250 g de cuscús en un recipiente resistente al calor, 10 minutos antes de servir el plato principal. Añada 300 ml de agua o caldo caliente, tape y deje reposar hasta que el cuscús absorba el líquido (unos 10 minutos). Ahueque el cuscús con un tenedor y aderece al gusto; puede

aves y caza

pollo tai asado

3-4 raciones
tiempo de preparación
15 minutos
tiempo de cocción **1 hora
y 35 minutos**

1,25 kg de **pollo**
1 cucharada de **aderezo tai
de siete especias**
2 cucharadas de **aceite**
3 **dientes de ajo** aplastados
1 **chile picante** sin semillas,
fileteado
40 g de **jengibre fresco**
muy picado
200 ml de **caldo de pollo**
2 tallos de **citronela** picados
1 cucharada de **salsa
de pescado**
1 cucharada de **azúcar extrafino**
2 cucharadas de **zumo de lima**
50 g de **cilantro fresco**,
y un poco más para servir
1 manojo de **cebolletas**
½ cucharadita de **cúrcuma
en polvo**
400 ml de **leche de coco**
200 g de **espinacas baby**
300 g de **fideos de arroz
instantáneos**

Impregne la piel del pollo con el aderezo de siete especias.
Caliente el aceite en una cazuela refractaria y dore ligeramente
el pollo por todos sus lados. Espolvoree el ajo, el chile
y el jengibre y fría durante 1 minuto.

Añada el caldo y lleve a ebullición. Tape y coloque la cazuela
en el horno precalentado; hornee a 180 °C, 4 de gas, durante
45 minutos.

Ponga la citronela, la salsa de pescado, el azúcar y el zumo de lima
en un robot de cocina. Pique el cilantro y las cebolletas y añádalos
al robot con la cúrcuma. Mezcle todo hasta que quede bien
picado. Incorpore la leche de coco y mezcle hasta obtener
una salsa uniforme.

Vierta la mezcla anterior sobre el pollo y vuelva a colocar
la cazuela en el horno; déjela durante 45 minutos más, hasta
que el pollo quede muy tierno.

Retire el pollo del horno y añada las espinacas y los fideos
de arroz a la salsa que rodea el pollo. Deje reposar 10 minutos
y sirva.

Para preparar caldo casero de pollo, ponga en una olla
grande una carcasa de pollo, restos como los menudillos
y lo que quede en la olla después de un asado. Añada
1 cebolla grande, sin pelar, en dos mitades; 1 zanahoria
picada, 1 rama de apio troceada, varias hojas de laurel y
1 cucharadita de pimienta en grano. Cubra con agua fría
y lleve a ebullición. Deje cocer al mínimo de fuego, sin tapar,
durante 1 hora y 30 minutos. Cuele el caldo y déjelo enfriar.

pato con quinoto y salsa a la miel

4 raciones
tiempo de preparación
15 minutos
tiempo de cocción **45 minutos**

4 **muslos de pato**
½ cucharadita de **cinco**
  especias chinas en polvo
300 ml de **zumo de naranja**
  recién exprimido
2 cucharadas de **miel ligera**
2 **clavos**
1 cucharada de **Cointreau**
  o brandy
10 **quinotos** en rodajas
1 cucharada de **perejil**
sal y pimienta

Coloque los muslos en una parrilla dentro de la fuente para asar, salpimiente y añada las cinco especias y ase en el horno precalentado, a 220 °C, 7 de gas, durante 35 minutos.

Incorpore el zumo de naranja, la miel, los clavos, el Cointreau o el brandy y los quinotos bajo la parrilla cuando el pato lleve 10 minutos en el horno. Vuelva a colocar la fuente en el horno y deje transcurrir los 25 minutos restantes.

Retire el pato del horno y páselo a la fuente con la salsa de quinoto. Póngalo al fuego y deje cocer lentamente durante 10 minutos.

Añada a la salsa el perejil picado. A continuación, corte el pato en lonchas finas y sirva muy caliente con patatas y judías verdes cocidas.

Para preparar pollo con salsa de pomelo rosa y miel, utilice la misma cantidad de pollo que de pato. Sustituya el zumo de naranja por la misma cantidad de zumo de pomelo y utilice 2 pomelos troceados en lugar de los quinotos. Aumente la cantidad de miel a 3 cucharadas y siga los pasos de la receta anterior.

pato aromático

4 raciones
tiempo de preparación
25 minutos
tiempo de cocción **2 horas**

4 **porciones de pato**
2 cucharaditas de **cinco
especias chinas en polvo**
2 **tallos de citronela**
machacados
5 **dientes de ajo** aplastados
4 **chalotas rojas** picadas
125 g de **setas shiitake secas**,
puestas en remojo durante
30 minutos
1 pieza de **jengibre fresco**
de 5 cm, pelado y cortado
en juliana
600 ml de **caldo de pollo**
(*véase* pág. 16)
25 g de **nísperos secos**
o **dátiles rojos chinos**
15 g de **hongos negros secos**
desmenuzados
1 cucharada de **salsa
de pescado**
2 cucharaditas de **harina
de maíz**
4 **cebolletas** cortadas en cuartos
sal y pimienta
un puñado de **cilantro fresco**
para decorar

Aderece las porciones de pato con las cinco especias. Coloque las piezas con la piel hacia abajo en una sartén o una cazuela muy caliente y dórelas. Deles la vuelta. Añada la citronela , el ajo, las chalotas, las setas y el jengibre y cubra el pato con el caldo. Tape la sartén o cazuela y deje cocer a fuego muy lento durante 1 hora y 30 minutos.

Retire el pato de la sartén y añada los nísperos o los dátiles, los hongos negros y la salsa de pescado. Salpimiente al gusto. Mezcle la harina de maíz con un poco de agua hasta obtener una pasta homogénea e incorpórela a la sartén. Lleve la salsa a ebullición sin dejar de remover y deje que se espese. Vuelva a colocar las piezas de pato en la sartén y deje cocer a fuego lento 30 minutos más.

Incorpore las cebolletas y adorne el pato con el cilantro.

Para preparar *pak choi* **salteada** como acompañamiento, caliente a fuego fuerte 1 cucharada de aceite de oliva en una sartén antiadherente. Añada 500 g de *pak choi* en mitades, por turnos, y remueva de vez en cuando. Tape la sartén y deje cocer durante 2-3 minutos, hasta que las hojas se reblandezcan. En un cuenco, mezcle 1 cucharadita de salsa tamari, 1 cucharada de vino de arroz y 3 cucharadas de caldo vegetal (*véase* pág. 190). Añada pasta de harina de maíz elaborada con ½ cucharada de harina y 1 cucharada de agua, y vierta sobre la *pak choi*. Remueva constantemente hasta que la salsa espese.

pollo relleno a la mantequilla de ajo

4 raciones
tiempo de preparación
  25 minutos
tiempo de cocción **40 minutos**

50 g de **pan rallado** grueso
3 cucharadas de **aceite de oliva**
4 **pechugas de pollo** grandes,
  sin piel
25 g de **mantequilla** fundida
50 g de **queso en crema**
2 **dientes de ajo** aplastados
ralladura muy fina de 1 **limón**
4 cucharadas de **perejil** picado
150 g de **judías verdes** cortadas
  en diagonal
400 g de **judías** escurridas
200 ml de **vino blanco**
sal y pimienta

Ponga el pan rallado en una cazuela refractaria con 1 cucharada de aceite y caliente a fuego lento hasta que el pan comience a dorarse. Póngalo a escurrir en un plato.

Utilice un cuchillo pequeño para realizar un corte horizontal en cada pechuga a modo de cavidad para el relleno.

Bata la mantequilla con el queso en crema, el ajo, la ralladura de limón, 1 cucharada de perejil, sal y pimienta. Rellene con esta mezcla las pechugas y selle los cortes con palillos de madera.

Caliente el resto del aceite en una cazuela y dore el pollo por ambos lados. Escurra las pechugas. Ponga las judías verdes y las judías en la cazuela y añada el vino; salpimiente ligeramente. Coloque las pechugas encima.

Tape y ponga la cazuela en el horno precalentado; hornee durante 20 minutos a 190 °C, 5 de gas. Retire la tapa y reparta el pan rallado por encima del pollo. Vuelva a colocar la cazuela en el horno y déjela 10 minutos más.

Emplate las pechugas. Mezcle el resto del perejil con las judías y reparta esta mezcla alrededor de las pechugas.

Para preparar patatas asadas con ajo como acompañamiento, caliente 50 ml de aceite de oliva en una fuente para asar, en el horno, a 230 °C, 8 de gas. Trocee en cuartos 750 g de patatas, añada 2 cucharadas de romero picado al aceite caliente y remueva para que se impregne bien. Ase las patatas durante 20 minutos. Retírelas, remuévalas, reparta 4 dientes de ajo laminados y vuelva a colocarlas en el horno durante 10-20 minutos más.

pollo, quingombó y *dhal* de lentejas rojas

4 raciones

tiempo de preparación
15 minutos

tiempo de cocción **45 minutos**

2 cucharaditas de **comino molido**

1 cucharadita de **cilantro molido**

½ cucharadita de **pimienta cayena**

¼ de cucharadita de **cúrcuma molida**

500 g de **muslos de pollo** sin piel y deshuesados, cortados en trozos grandes

3 cucharadas de **aceite**

1 **cebolla** en juliana

2 **dientes de ajo** aplastados

25 g de **raíz de jengibre fresca** muy picada

750 ml de **agua**

300 g de **lentejas rojas** escurridas

200 g de **quingombó**

un puñadito de **cilantro fresco** picado

sal

gajos de lima para decorar

Mezcle el comino, el cilantro, la pimienta y la cúrcuma y aderece con la mezcla las piezas de pollo.

Caliente el aceite en un cazo grande. Dore el pollo por tandas y ponga a escurrir los trozos en un plato. Cuando termine, sofría la cebolla durante 5 minutos o hasta que esté dorada. Incorpore el ajo y el jengibre y caliente 1 minuto más.

Vuelva a colocar el pollo en el cazo y añada el agua. Lleve a ebullición y después baje el fuego y deje cocer muy lentamente, con el cazo tapado, durante unos 20 minutos. Añada las lentejas y deje cocer 5 minutos más. Incorpore el quingombó, el cilantro y un poco de sal y cocine durante 5 minutos más, hasta que las lentejas estén tiernas pero sin que lleguen a deshacerse.

Compruebe si está bien de sal y sirva en cuencos poco profundos con gajos de lima, *chutney* y pan indio.

Para preparar pollo con calabacín y *dhal* de chile, utilice 3 calabacines medianos, en rodajas finas, en lugar del quingombó. Si desea un sabor más picante, añada un chile rojo en láminas con el ajo y el jengibre.

rollitos de pavo con especias y pimiento

4 raciones
tiempo de preparación
15 minutos
tiempo de cocción **40 minutos**

1 cucharadita de **chile suave en polvo**
½ cucharadita de **comino molido**
1 cucharadita de **tomillo** picado
625 g de **pechuga de pavo** cortada en dados
4 **pimientos** variados, sin semillas, cortados en trozos grandes
2 **cebollas rojas** en juliana
4 cucharadas de **aceite de oliva**
2 **calabacines** grandes troceados
1 cucharada de **harina de maíz**
2 cucharadas de **vinagre de vino tinto** o **blanco**
2 cucharadas de **miel ligera**
2 cucharadas de **pasta de tomate**
unas gotas de **salsa tabasco**
4 cucharadas de **agua**
50 g de **piña seca** troceada
4 **tortillas de harina** calientes
sal

Mezcle el chile con el comino, el tomillo y un poco de sal y cubra el pavo con esta mezcla. Reparta la carne en una fuente para asar grande con los pimientos y las cebollas.

Rocíe con el aceite y remueva los ingredientes. Coloque la fuente en el horno precalentado y hornee durante 15 minutos a 220 °C, 7 de gas. Añada los calabacines, mézclelos con los jugos de la fuente y hornee durante 20 minutos más, hasta que el pavo esté bien hecho y las verduras queden tiernas.

Mezcle la harina de maíz con el vinagre hasta obtener una pasta homogénea. Añada la miel, la pasta de tomate, el tabasco y un poco de sal e incorpore esta mezcla a la fuente con el agua. Remueva bien. Reparta la piña por toda la fuente y hornee durante 2-3 minutos más, hasta que el glaseado espese un poco y cubra la carne y las verduras. Reparta la mezcla entre las tortillas calientes, enrolle y sirva.

Para preparar rollitos de boniato con especias, prescinda del pavo y utilice 625 g de boniatos cortados en lonchas finas. Aderécelos con la mezcla de chile. Sustituya las cebollas por dos manojos de cebolletas picadas, y los calabacines por 1 berenjena pequeña en rodajas finas. Mezcle la berenjena con los pimientos y las cebolletas cuando hayan transcurrido 15 minutos del tiempo de cocción.

biryani

4 raciones
tiempo de preparación
25 minutos
tiempo de cocción **40 minutos**

3 **cebollas**
2 **dientes de ajo** picados
25 g de **raíz de jengibre** picado
2 cucharaditas de **cúrcuma
molida** y ¼ de **clavo molido**
½ cucharadita de **chile seco
en copos**
¼ de cucharadita de **canela
molida**
2 cucharaditas de **pasta
de curry medio**
1 cucharada de **zumo de limón**
2 cucharaditas de **azúcar
extrafino**
300 g de **pollo, pechuga
de pavo** o **cordero** magros,
en trozos pequeños.
6 cucharadas de **aceite**
1 **coliflor** pequeña cortada
en cabezuelas
2 **hojas de laurel**
300 g de **arroz basmati**
750 ml de **caldo de pollo**
o **vegetal** (*véanse* págs. 16
y 190)
1 cucharada de **semillas
de cebolla negra**
sal y pimienta
almendras tostadas en láminas
para decorar

Pique una cebolla en trozos grandes y póngala en el robot de cocina con el ajo, el jengibre, la cúrcuma, el clavo, el chile, la canela, la pasta de curry, el zumo de limón, el azúcar, sal y pimienta. Mezcle hasta obtener una pasta espesa y resérvela en un cuenco. Añada la carne a la mezcla y remueva bien.

Corte en juliana fina la segunda cebolla. Caliente 5 cucharadas de aceite en una sartén grande y fría la cebolla hasta que quede dorada y crujiente. Póngala a escurrir en papel de cocina.

Pique la tercera cebolla. Añada la coliflor a la sartén y fría 5 minutos más. Incorpore la cebolla picada y sofría a fuego lento, remueva de vez en cuando, durante unos 5 minutos (hasta que la coliflor quede tierna y dorada). Escurra.

Caliente el resto del aceite en la sartén. Añada la carne adobada y fría a fuego suave durante 5 minutos, removiendo.

Incorpore las hojas de laurel, al arroz y el caldo y lleve a ebullición. Baje el fuego y deje cocer muy lentamente, removiendo durante 10-12 minutos (hasta que el arroz quede tierno y haya absorbido el caldo; añada un poco de agua si la mezcla se seca antes de que el arroz esté listo). Añada las semillas de cebolla negra y la coliflor y caliente todo.

Emplate y sirva con la cebolla crujiente y las almendras tostadas por encima. Acompañe los platos con salsa raita de pepino (*véase* a continuación) si lo desea.

Para preparar la salsa raita de pepino y menta, mezcle los siguientes ingredientes: 175 g de yogur natural, 75 g de pepino sin semillas, rallado; 2 cucharadas de menta picada, 1 pizca de comino molido y zumo de limón y sal al gusto. Deje reposar 30 minutos.

guiso de venado y castañas

6 raciones
tiempo de preparación
30 minutos
tiempo de cocción **2 horas
y 15 minutos**

2 cucharadas de **harina**
875 g de **carne magra
de venado para guisar**
cortada en trozos pequeños
10 **bayas de enebro**
3 cucharadas de **aceite**
150 g de **beicon**
1 **cebolla grande** picada
3 **zanahorias** en rodajas
½ cucharadita de **clavo molido**
300 ml de **vino tinto**
200 ml de **caldo de caza**
o de **pollo** (*véase* pág. 16)
1 cucharada de **vinagre de vino
tinto**
2 cucharadas de **mermelada
de grosella**
350 g de **castañas cocidas**
1 kg de **patatas** cortadas
en rodajas finas
2 cucharaditas de **romero**
picado
40 g de **mantequilla** fundida
sal y pimienta

Salpimiente la harina y cubra con ella la carne. Aplaste las bayas de enebro con un mortero.

Caliente el aceite en una cazuela refractaria grande y dore la carne por tandas; póngala a escurrir en un plato. Incorpore a la cazuela el beicon, la cebolla y las zanahorias y fría a fuego suave durante 5 minutos o hasta que los ingredientes se doren.

Añada las bayas de enebro, el clavo, el vino, el caldo, el vinagre y la mermelada de grosella y lleve a ebullición. Baje el fuego e incorpore las castañas y la carne.

Tape la cazuela y póngala en el horno precalentado. Hornee durante 1 hora a 160 °C, 3 de gas. Compruebe de sal, añada las patatas y vuelva a colocar la cazuela en el horno, tapada, durante 30 minutos más.

Mezcle el romero con la mantequilla y un poco de salsa de la carne y reparta la mezcla sobre las patatas. Hornee durante 45 minutos más, esta vez sin tapar, o hasta que las patatas estén ligeramente doradas.

Para preparar caldo casero de caza, dore 500 g de restos de carne (por ejemplo, huesos de faisán o de pichón) en una fuente para asar, en el horno precalentado, durante 15 minutos a 200 °C, 6 de gas. Pase el contenido de la fuente a una sartén con 1 cebolla sin pelar, troceada; 1 zanahoria picada, 2 ramas de apio picadas, 1 vaso de vino tinto, 1 cucharadita de bayas de enebro y 3 hojas de laurel. Cubra con agua, lleve a ebullición y deje cocer a fuego muy suave durante 1 hora y 30 minutos. Cuele el caldo y deje enfriar.

sopa de fideos con pollo

4-6 raciones
tiempo de preparación
20 minutos
tiempo de cocción **30 minutos**

300 g de **pechugas de pollo**
sin piel y deshuesadas
1 cucharadita de **cúrcuma
molida**
2 cucharaditas de **sal**
2 tallos de **citronela**
3 cucharadas de **cacahuetes**
pelados y tostados
3 cucharadas de **arroz de grano
largo**
2 cucharadas de **aceite vegetal**
1 **cebolla** picada
3 **dientes de ajo** aplastados
1 pieza de **raíz de jengibre
fresco** de 5 cm, pelada
y muy picada
¼ de cucharadita de **pimentón
molido**
1 **chile ojo de pájaro** picado
2 cucharadas de **salsa
de pescado**
900 ml de **agua**
250 g de **fideos de trigo
instantáneo** (somen)

para la **decoración**
3 **huevos duros** en mitades
2 cucharadas de **cilantro fresco**
picado
un puñado de **cebolletas**
picadas

Corte las pechugas en cubos de 1,5 cm. Mezcle la cúrcuma con la sal, frote la carne con esta mezcla y deje reposar 30 minutos.

Aplaste la citronela con un rodillo de amasar para liberar el sabor. Pique los cacahuetes en un robot de cocina o con un mortero. Caliente una sartén sin aceite y dore el arroz; a continuación, píquelo en un robot de cocina o con un molinillo para especias hasta reducirlo a polvo.

Caliente el aceite en una sartén grande y sofría la cebolla hasta que quede blanda. Añada el pollo con el ajo, el jengibre, la citronela , el pimentón y el chile. Incorpore la salsa de pescado y el agua y lleve a ebullición.

Reduzca el fuego. Mezcle los cacahuetes y el arroz molido e incorpórelos a la sartén. Deje cocer a fuego lento unos 10-15 minutos o hasta que el pollo esté bien hecho y el caldo se haya espesado ligeramente.

Añada los fideos y caliente durante 1 minuto.

Reparta la sopa de pollo en cuencos y sirva con los huevos duros, el cilantro picado y las cebolletas picadas. Añada un poco más de salsa de pescado al gusto.

Para preparar sopa de fideos con langostinos y coco, utilice 400 g de langostinos pelados crudos en lugar del pollo y añádalos a la sartén con los fideos. Hágalos a fuego muy suave hasta que adquieran un tono rosado. Sustituya los fideos de trigo por fideos de arroz y prescinda de los huevos duros.

pilaf de pollo y nueces en conserva

4 raciones
tiempo de preparación
20 minutos
tiempo de cocción **35 minutos**

400 g de **muslos de pollo**
deshuesados y sin piel,
cortados en trozos pequeños
2 cucharaditas de **mezcla
de especias marroquíes**
4 cucharadas de **aceite de oliva**
50 g de **piñones**
1 **cebolla** grande, picada
3 **dientes de ajo** fileteados
½ cucharadita de **cúrcuma
molida**
250 g de **arroz de grano largo**
y **arroz salvaje**, mezclados
300 ml de **caldo de pollo**
(*véase* pág. 16)
3 piezas de **tallo de jengibre**
muy picado
3 cucharadas de **perejil** picado
2 cucharadas de **menta** picada
50 g de **nueces en conserva**
fileteadas
sal y pimienta

Mezcle las piezas de pollo con las especias marroquíes
y un poco de sal.

Caliente el aceite en una sartén grande y fría los piñones
hasta que tomen color. Retírelos con una espumadera.

Añada el pollo a la sartén y sofríalo durante 6-8 minutos,
remueva de vez en cuando, hasta que esté ligeramente
dorado.

Incorpore la cebolla y sofría a fuego suave durante 5 minutos.
Añada el ajo y la cúrcuma y continúe con la cocción 1 minuto
más. Agregue el arroz y el caldo y lleve a ebullición. Baje
el fuego al mínimo y deje cocer todo durante 15 minutos,
hasta que el arroz quede tierno y el caldo se haya absorbido.
Añada un poco de agua si se absorbe el líquido antes de
que el arroz esté listo.

Añada el jengibre, el perejil, la menta, las nueces y los piñones.
Salpimiente al gusto y caliente todo a fuego suave durante
2 minutos antes de servir.

Para preparar mezcla casera de especias marroquíes,

mezcle ½ cucharadita de hinojo aplastado, comino, cilantro
y semillas de mostaza con ¼ de cucharadita de clavo y canela
molidos.

pollo y champiñones con polenta

4 raciones
tiempo de preparación
20 minutos
tiempo de cocción **55 minutos**

25 g de **mantequilla**
1 **cebolla** picada
500 g de **pollo** cortado en dados
250 g de **champiñones**
  fileteados
2 cucharaditas de **harina**
150 ml de **caldo de pollo**
  (*véase* pág. 16)
1 cucharada de **mostaza**
  en grano
4 cucharadas de **perejil** picado
100 ml de **nata líquida**
200 g de **soja fresca** o 400 g
  de **judías en conserva**,
  escurridas
500 g de **polenta** preparada
50 g de **queso gruyer** rallado
sal y pimienta

Funda la mantequilla en una cazuela baja refractaria. Añada la cebolla y el pollo y sofría durante 6-8 minutos, remueva con frecuencia, hasta que los ingredientes se doren ligeramente.

Incorpore los champiñones y sofría 5 minutos más. Agregue la harina y a continuación añada el caldo, la mostaza, el perejil y una pizca de sal y pimienta. Lleve a ebullición y baje el fuego; añada la nata y la soja o las judías.

Corte la polenta en lonchas muy finas y dispóngalas superpuestas sobre el pollo. Espolvoree con el queso y un poco de pimienta negra.

Hornee a 190 °C, 5 de gas, durante 30-40 minutos, hasta que el queso esté fundido y empiece a dorarse. Sirva con una ensalada verde.

Para preparar pollo y champiñones con tostadas al queso, sustituya la polenta por 8 rebanadas finas de pan. Dispóngalas sobre el pollo y espolvoréelas con la misma cantidad de chedar en lugar de gruyer. Hornee como se indica en la receta en la receta, hasta que el queso se funda y el pan empiece a dorarse.

stifado

3-4 raciones
tiempo de preparación
20 minutos
tiempo de cocción **2 horas
y 30 minutos**

½ cucharadita de **pimienta
negra molida**
½ cucharadita de **pimienta
de Jamaica**
2 cucharaditas de **romero**
muy picado
1 **conejo** (de unos 750-875 g)
a cuartos
3 cucharadas de **aceite de oliva**
3 **cebollas** grandes en juliana
2 cucharaditas de **azúcar
extrafino**
3 **dientes de ajo** aplastados
75 ml de **vinagre de vino tinto**
300 ml de **vino tinto**
50 g de **puré de tomate**
sal
perejil para decorar

Mezcle las dos pimientas y el romero y frote el conejo con la mezcla.

Caliente el aceite en una cazuela refractaria grande y fría la carne por tandas, por todos los lados, hasta que esté bien dorada. Reserve la carne en un plato.

Incorpore las cebollas a la cazuela con el azúcar y sofríalas, remueva con frecuencia, durante unos 15 minutos (hasta que queden caramelizadas). Añada el ajo y continúe la cocción 1 minuto más.

Añada el vinagre y el vino. Lleve a ebullición y continúe con la cocción hasta que la mezcla se reduzca a aproximadamente un tercio. Agregue el puré de tomate y un poco de sal y vuelva a poner la carne en la cazuela.

Tape la cazuela y hornee a 150 ºC, 2 de gas, durante unas 2 horas. La carne debe quedar muy tierna, y los jugos, densos y brillantes. Compruebe de sal y espolvoree con el perejil.

Para preparar una ensalada griega como acompañamiento, mezcle en un cuenco 6 tomates picados en trozos grandes, 1 pepino en rodajas finas, ½ cebolla roja en juliana muy fina y 125 g de olivas. Rocíe con aceite de oliva y zumo de limón al gusto. Desmenuce 200 g de queso feta y repártalo por encima de la ensalada. Aderece con abundante pimienta negra.

pavo con chile poblano

6 raciones
tiempo de preparación
25 minutos
tiempo de cocción **1 hora**

125 g de **almendras fileteadas**
50 g de **cacahuetes**
½ cucharadita de **semillas
de cilantro**
1 cucharadita de **clavo molido**
3 cucharadas de **semillas
de sésamo**
½ ramita de **canela**
1 cucharadita de **semillas
de hinojo** o de **anís**
4 **chiles secos** grandes
1 **chile jalapeño verde** picado
400 g de **tomates en conserva**
picados
75 g de **uvas pasas**
6 cucharadas de **aceite vegetal**
2 **cebollas** muy picadas
3 **dientes de ajo** aplastados
625 g de **pavo** cortado en filetes
finos o en dados
300 ml de **caldo vegetal**
(*véase* pág. 190)
50 g de **chocolate negro** picado

para la **decoración**
chiles rojos y verdes
muy picados

Extienda las almendras, los cacahuetes, las semillas
de cilantro, el clavo, las semillas de sésamo, la canela,
el hinojo o el anís y los chiles secos en una fuente para
asar. Hornee durante 10 minutos a 200 ºC, 6 de gas.
Remueva los ingredientes una o dos veces.

Retire la bandeja del horno y ponga los frutos secos y
las especias en un robot de cocina o una picadora; mézclelos
bien. Añada el chile verde picado y vuelva a mezclar todo.

Pase la mezcla a un cuenco y añada los tomates y las uvas pasas.

Caliente el aceite en un cazo grande y fría las cebollas y el ajo
con el pavo hasta que esté dorado por todos sus lados. Retire
el pavo y reserve.

Añada la mezcla de especias al aceite del cazo y sofría durante
5-6 minutos, remueva con frecuencia, o hasta que la pasta
de especias esté bien caliente y bulla. Añada el caldo y el
chocolate y deje cocer a fuego lento hasta que el chocolate
se funda.

Reduzca el fuego, vuelva a poner el pavo en el cazo y mezcle
bien. Tape el cazo y deje cocer a fuego lento durante 30 minutos.
Añada un poco de agua si la salsa empieza a secarse. Adorne
con los chiles picados.

Para preparar arroz al estilo mexicano para servir como
acompañamiento, caliente 2 cucharadas de aceite vegetal
en un cazo y sofría 325 g de arroz basmati durante 5 minutos,
remueva de vez en cuando. Añada 200 g de tomates
picados, 1 diente de ajo aplastado, 50 g de zanahoria
en dados y 1 chile verde picado. Lleve a ebullición
y después deje cocer a fuego lento durante 10 minutos.

pato de primavera braseado

4 raciones
tiempo de preparación
20 minutos
tiempo de cocción **1 hora
y 45 minutos**

4 **muslos de pato**
2 cucharaditas de **harina**
25 g de **mantequilla**
1 cucharada de **aceite de oliva**
2 **cebollas** en juliana
2 lonchas de **tocino entreverado**
muy picadas
2 **dientes de ajo** aplastados
1 vaso (unos 150 ml) de **vino
blanco**
300 ml de **caldo de pollo**
(*véase* pág. 16)
3 **hojas de laurel**
500 g de **patatas nuevas**
pequeñas (por ejemplo,
Jersey Royals)
200 g de **guisantes frescos**
150 g de **puntas de espárragos**
2 cucharadas de **menta** picada
sal y pimienta

Parta los muslos de pato por las articulaciones. Salpimiente ligeramente la harina y cubra con esta mezcla las piezas de carne.

Funda la mantequilla con el aceite en una fuente para asar o en una cazuela refractaria y dore las piezas de pato durante unos 10 minutos. Resérvelas en un plato y deje en la fuente o la cazuela 1 cucharada de grasa; el resto utilícelo para cubrir el pato.

Añada las cebollas y el tocino a la cazuela y sofría durante 5 minutos. Incorpore el ajo y sofría 1 minuto más. Agregue el vino, el caldo y las hojas de laurel; lleve a ebullición y remueva. Ponga el pato en la cazuela y cubra con una tapa o con papel de aluminio. Hornee a 160 °C, 3 de gas, durante 45 minutos.

Incorpore las patatas a la cazuela y remueva para que se empapen de los jugos. Añada sal y hornee 30 minutos más.

Añada los guisantes, los espárragos y la menta y hornee 15 minutos más o hasta que todas las verduras estén tiernas. Compruebe el punto de sal y sirva.

Para preparar pollo de primavera braseado, sustituya el pato por 4 muslos de pollo y prescinda del tocino. Añada las siguientes verduras con los guisantes, los espárragos y la menta: 200 g de nabos baby, 100 g de zanahorias baby y 2 calabacines pequeños en rodajas. La cocción es igual que en la receta del pato.

pollo glaseado dulce

4 raciones
tiempo de preparación
10 minutos
tiempo de cocción **45 minutos**

2 cucharadas de **aceite de oliva**
4 **pechugas de pollo**
deshuesadas y sin piel,
de unos 150 g cada una
8 **albaricoques frescos**,
deshuesados y en mitades
2 **peras** peladas, en cuartos
500 g de **patatas nuevas**
1 **cebolla** cortada en cuñas
ralladura y zumo de 2 **naranjas**
unas **ramitas de tomillo** picadas
1 cucharada de **mostaza**
en grano
1 cucharada de **miel ligera**
4 cucharadas de *crème fraîche*
pimienta

Caliente el aceite en una cazuela refractaria, salpimiente el pollo y póngalo en la cazuela. Dórelo durante 2-3 minutos por cada lado e incorpore los albaricoques, las peras, las patatas y la cebolla.

Mezcle la ralladura y el zumo de naranja, el tomillo, la mostaza y la miel y vierta la mezcla sobre el pollo. Cubra la cazuela con papel de aluminio y hornee a 180 °C, 4 de gas, durante 40 minutos. Retire el papel de aluminio cuando lleve unos 20 minutos de cocción.

Cuando el pollo esté listo, añada la nata antes de servir.

Para preparar espinacas con piñones y pasas como acompañamiento, ponga 65 g de uvas pasas en un recipiente refractario pequeño, cubra con agua hirviendo y deje reposar 5 minutos. Mientras tanto, caliente 3 cucharadas de aceite de oliva en una sartén y saltee 50 g de piñones hasta que se doren muy ligeramente. Añada 2 dientes de ajo aplastados. Cuele las pasas e incorpórelas a la sartén con 625 g de espinacas baby. Caliente durante 1 minuto, removiendo, hasta que las espinacas queden tiernas. Añada ralladura de limón, sal y pimienta al gusto.

guiso de pollo, limón y olivas

4 raciones
tiempo de preparación
20 minutos
tiempo de cocción **1 hora**

1 ½ **pollo**
4 cucharadas de **aceite de oliva**
12 **cebollas baby**, peladas
  y enteras
2 **dientes de ajo** aplastados
1 cucharadita de **comino,
  jengibre** y **cúrcuma molidos**
  (1 cucharadita de cada
  especia)
½ cucharadita de **canela molida**
450 ml de **caldo de pollo**
  (*véase* pág. 16)
125 g de **olivas Kalamata**
  (negras con aceite de oliva)
1 **limón en conserva**,
  sin cáscara, picado
2 cucharadas de **cilantro fresco**
  picado
sal y pimienta

Corte el pollo en 8 piezas (o pida en la tienda que se lo hagan). Caliente el aceite en una cazuela refractaria y dore el pollo por todos los lados. Retire las piezas con una espumadera y resérvelas.

Añada las cebollas, el ajo y las especias y sofría a fuego lento durante 10 minutos o hasta que se doren. Vuelva a poner el pollo en la cazuela, incorpore el caldo y lleve a ebullición. Tape y deje cocer a fuego lento durante 30 minutos.

Agregue las olivas, el limón y el cilantro y deje cocer 15-20 minutos más, hasta que el pollo quede muy tierno. Corrija de sal y pimienta si lo cree necesario.

Para preparar cuscús verde como acompañamiento, bata 150 ml de aceite de oliva y 50 ml de zumo de limón hasta que queden ligados. Salpimiente. Ponga 250 g de cuscús cocido (*véase* pág. 13) en una bandeja de servir caliente y añada cebolleta picada, 50 g de roqueta picada y medio pepino picado, sin semillas. Añada el aliño de aceite y limón y sirva.

pollo con fideos y siete especias

4 raciones
tiempo de preparación
15 minutos
tiempo de cocción **12 minutos**

3 piezas de **tallo de jengibre**
en conserva, más 3 cucharadas
del sirope
2 cucharadas de **vinagre de vino**
de arroz
3 cucharadas de **salsa de soja**
ligera
4 **pechugas de pollo**
deshuesadas y sin piel, de
unos 150 g cada una
1 cucharada de **aderezo tai**
de siete especias
3 cucharadas de **aceite**
para freír o para **wok**
(*véase* pág. 11)
3 **chalotas** muy picadas
125 g de **mazorcas de maíz**
baby en mitades
300 g de **fideos instantáneos**
o **fideos celofán**
300 g de **espinacas baby**
200 g de **brotes de soja**

Desmenuce el jengibre y mezcle el jarabe con el vinagre
y la salsa de soja. Reserve.

Corte cada pechuga de pollo por la mitad, en horizontal,
y cada mitad a lo ancho en tiras finas. Aderece la carne
con la mezcla de siete especias.

Caliente el aceite en una sartén grande o un wok y sofría
el pollo a fuego suave durante 5 minutos, hasta que empiece
a dorarse.

Añada las chalotas y sofría durante 2 minutos. Incorpore
el maíz y continúe con la cocción 1 minuto más. Agregue
los fideos y las espinacas y reparta por encima el jengibre.
Sofría y mezcle bien todos los ingredientes hasta que
las espinacas empiecen a ponerse tiernas.

Añada los brotes de soja y la mezcla de salsa de soja y sofría
durante 1 minuto más o hasta que todos los ingredientes estén
bien calientes. Sirva inmediatamente.

Para preparar fideos con langostinos a las siete especias,
sustituya el pollo por 400 g de langostinos crudos pelados
y limpios, aderécelos con las siete especias y siga los pasos
de la receta anterior. Sustituya las espinacas por 200 g de
pak choi picada en trozos grandes.

pollo con albóndigas de harina de maíz

4 raciones
tiempo de preparación
25 minutos
tiempo de cocción **1 hora
y 30 minutos**

3 cucharadas de **aceite de oliva**
8 **muslos de pollo** deshuesados
y sin piel, cortados en trozos
pequeños
4 cucharaditas de **mezcla
de especias cajún**
1 **cebolla** grande en juliana
100 g de **tocino entreverado
ahumado**, picado
2 **pimientos rojos** y 2 **verdes**,
sin semillas y picados en trozos
grandes
200 ml de **caldo de pollo**
(*véase* pág. 16)
125 g de **harina con levadura**
125 g de **harina de maíz**
½ cucharadita de **chile seco
en láminas**
3 cucharadas de **cilantro fresco**
picado
75 g de **chedar** rallado
50 g de **mantequilla** fundida
1 **huevo**
100 ml de **leche**
4 **tomates** pequeños, pelados
y cortados en cuartos
100 ml de **nata**
sal y pimienta

Caliente el aceite en una cazuela refractaria grande y baja
y dore las piezas de pollo durante unos 5 minutos. Añada
la mezcla de especias y caliente 1 minuto. Reserve el pollo
en un plato.

Añada la cebolla, el tocino y los pimientos y sofría durante
10 minutos, remueva con frecuencia, hasta que los ingredientes
comiencen a adquirir color.

Ponga el pollo de nuevo en la cazuela, agregue el caldo
y salpimiente ligeramente. Lleve a ebullición, cubra con
una tapa y hornee a 180 °C, 4 de gas, durante 45 minutos
(el pollo debe quedar tierno).

Mientras se hace el pollo, prepare las albóndigas: mezcle
la harina, la harina de maíz, el chile, el cilantro y el queso
en un cuenco. Bata la mantequilla con el huevo y la leche
y añada esta mezcla al cuenco. Mezcle todo hasta conseguir
una pasta espesa.

Incorpore los tomates y la nata al pollo y aderece al gusto.
Con una cuchara, forme albóndigas con la masa y colóquelas
encima del pollo. Hornee de nuevo, sin tapar, durante
30 minutos más o hasta que las albóndigas hayan aumentado
de tamaño ligeramente y desarrollen una costra firme.

Para preparar albóndigas tradicionales, en un cuenco,
mezcle 175 g de harina con levadura, 50 g de grasa vegetal
y 4 cucharadas de perejil picado con un poco de sal y
pimienta. Añada suficiente agua para obtener una pasta
uniforme y ligeramente pegajosa. Reparta en cucharadas
sobre la cazuela, tápela, y deje cocer durante 20-25 minutos,
hasta que las albóndigas queden ligeras y esponjosas.

risotto de pollo y estragón

6 raciones
tiempo de preparación
15 minutos
tiempo de cocción **30 minutos**

500 g de **filetes de pechuga
de pollo** cortados en trozos
pequeños
25 g de **mantequilla**
1 **cebolla** muy picada
2 **dientes de ajo** aplastados
300 g de **arroz para** *risotto*
1 vaso de **vino blanco**
(unos 150 ml)
400 ml de **caldo de pollo**
o **caldo vegetal** (*véanse*
págs. 16 y 190)
1 cucharadita de **azafrán
en hebra**
250 g de **queso mascarpone**
3 cucharadas de **estragón**
picado
3 cucharadas de **perejil** picado
100 g de **tirabeques** o **guisantes
dulces** en mitades
sal y pimienta

Salpimiente el pollo. Funda la mantequilla en una cazuela
refractaria, incorpore el pollo y dórelo durante 5 minutos.
Añada la cebolla y sofría 5 minutos más. Agregue el ajo
y el arroz, remueva y continúe con la cocción 1 minuto más.

Incorpore el vino y deje que la mezcla bulla hasta que el vino
casi se evapore. Añada el caldo y el azafrán y lleve a ebullición.

Cubra con una tapa y hornee a 180 °C, 4 de gas, durante
10 minutos (hasta que el caldo se absorba y el arroz quede
casi tierno).

Agregue el mascarpone, el estragón, el perejil y los tirabeques
o los guisantes. Mezcle bien hasta que el queso se funda,
tape y hornee 5 minutos más. Añada un poco de agua
hirviendo si la mezcla llega a secarse. Compruebe de sal
y sirva con una ensalada verde.

Para preparar *risotto* **cremoso de pez espada y estragón**,
sustituya el pollo por 4 filetes de pez espada troceados;
dórelos como se indica en la receta. Sustituya el mascarpone
por 150 ml de nata líquida.

coq au vin

6-8 raciones
tiempo de preparación
20 minutos
tiempo de cocción **1 hora
y 30 minutos**

3 cucharadas de **aceite**
3-4 lonchas de **pan** sin corteza,
cortadas en dados
50 g de **mantequilla**
2,5 kg de **pollo** cortado
en 12 piezas
24 **cebolletas encurtidas**
peladas
125 g de **tocino entreverado**
en dados
1 cucharada de **harina**
1 botella de **vino tinto**
1 *bouquet garni* **(ramillete
de hierbas aromáticas)**
2 **dientes de ajo** pelados
nuez moscada recién rallada
24 **champiñones** fileteados
1 cucharada de **brandy**
sal y pimienta

para la **decoración**
perejil picado
ralladura de naranja en tiras

Caliente 1 cucharada de aceite en una cazuela refractaria grande y dore el pan. Retírelo. Agregue el resto del aceite, la mantequilla y el pollo. Dore por todos los lados a fuego lento. Retire el pollo con una espumadera y manténgalo caliente. Retire un poco de grasa de la cazuela y saltee las cebollas y el tocino hasta que adquieran color; a continuación, añada la harina y remueva bien.

Incorpore el vino y lleve a ebullición, remueva de vez en cuando. Añada el *bouquet garni*, los dientes de ajo, la nuez moscada, sal y pimienta al gusto. Vuelva a poner el pollo en la cazuela, baje el fuego, tápela y deje cocer lentamente durante 15 minutos.

Añada los champiñones y continúe la cocción a fuego suave durante 45 minutos más o hasta que el pollo esté tierno. Retire el pollo con una espumadera y disponga las piezas en una fuente de servir caliente. Mantenga el pollo caliente. Vierta el brandy en la salsa y deje cocer sin tapar durante 5 minutos o hasta que la salsa quede espesa y se reduzca. Retire el *bouquet garni* y los dientes de ajo.

Vierta la salsa sobre el pollo y sirva con los tropezones de pan. Adorne con el perejil picado y la ralladura de naranja.

Para preparar puré de patatas cremoso como acompañamiento, cueza 8 patatas grandes troceadas en una olla con agua hirviendo salada durante 20 minutos. Aplástelas y después bátalas hasta que quede un puré fino. Añada 50 g de mantequilla y a continuación agregue gradualmente 75 ml de leche sin dejar de batir. Salpimiente y añada una pizca de nuez moscada.

sopa de pintada y alubias

4-6 raciones

tiempo de preparación
20 minutos, más tiempo
de remojado durante toda
la noche

tiempo de cocción **1 hora
y 30 minutos**

250 g de **alubias negras**
1 kg de **pintada** limpia
1 **cebolla** en juliana
2 **dientes de ajo** aplastados
1,5 l de **caldo de pollo**
(*véase* pág. 16)
½ cucharadita de **clavo molido**
50 g de **anchoas** en conserva,
escurridas y muy picadas
100 g de **berros**
150 g de **champiñones
silvestres**
3 cucharadas de **puré de tomate**
sal y pimienta

Ponga las alubias en un cuenco, cubra con abundante agua fría y deje en remojo toda la noche.

Escurra las alubias y póngalas en una olla grande. Cúbralas con agua y llévelas a ebullición. Déjelas cocer durante 10 minutos y escúrralas.

Ponga la pintada en la olla y añada las alubias, la cebolla, el ajo, el caldo y el clavo. Lleve a ebullición, baje el fuego al mínimo y tape. Deje cocer a fuego muy suave durante 1 hora y 15 minutos, hasta que la pintada quede muy tierna.

Reserve la pintada en una fuente y deje enfriar hasta que pueda separar la carne de los huesos; deseche la piel. Desmenuce los trozos más grandes de carne y vuelva a ponerla en la olla.

Pase un poco de caldo a un cuenco pequeño con las anchoas y mezcle bien. Retire los tallos duros de los berros.

Añada la mezcla de anchoas, los champiñones y el puré de tomate a la olla y aderece con sal y abundante pimienta negra. Recaliente a fuego suave durante unos minutos y añada los berros justo antes de servir.

Para preparar sopa de pollo y judías blancas, utilice la misma cantidad de judías. Prepare 4 muslos de pollo y desmenuce la carne como se indica en la receta. Por último, sustituya los berros por la misma cantidad de roqueta picada.

estofado de caza y castañas

6 raciones
tiempo de preparación
40 minutos
tiempo de cocción **1 hora**
y 40 minutos

500 g de **carne de cerdo picada**
3 **cebollas** muy picadas
2 cucharadas de **tomillo** picado
400 g de **carne de caza** variada
350 g de **carne de ave** variada
2 cucharadas de **harina**
100 g de **mantequilla**
2 **ramas de apio** picadas
2 **dientes de ajo** aplastados
750 ml de **caldo de pollo**
o de **caza** (*véanse* págs. 16
y 30)
10 **bayas de enebro** aplastadas
200 g de **harina con levadura**
1 cucharadita de **levadura**
unos 150 ml de **leche**, y un poco
más para glasear
200 g de **castañas cocidas**
enteras
3 cucharadas de **salsa**
Worcester
sal y pimienta

Mezcle la carne picada con una tercera parte de las cebollas, la mitad del tomillo y abundante sal y pimienta. Forme bolas de 1,5 cm de diámetro, aproximadamente.

Corte toda la carne en trozos pequeños. Salpimiente la harina y utilícela para enharinar la carne. Derrita 25 g de mantequilla en una cazuela refractaria grande y dore la carne por tandas.

Funda otros 25 g de mantequilla y sofría el resto de la cebolla y el apio durante 5 minutos. Añada el ajo y sofría 1 minuto. Incorpore el resto de la harina normal y, a continuación, el caldo. Ponga la carne en la cazuela con las bayas de enebro. Tape y hornee a 160 ºC, 3 de gas, durante 1 hora o hasta que la carne esté tierna.

Mientras tanto, ponga la harina con levadura incorporada y la levadura en un robot de cocina con un poco de sal, el resto del tomillo y la mantequilla troceada. Mezcle hasta obtener una consistencia de pan rallado. Añada casi toda la leche; si la pasta queda muy seca, agregue un poco más de leche. Vierta la masa en una superficie enharinada y extiéndala hasta formar una lámina de 1,5 cm de grosor. Córtela en círculos con un cortador de 4 cm.

Añada las castañas y la salsa Worcester a la cazuela y compruebe el aderezo. Distribuya las tortas de masa alrededor de la cazuela y glaséelas con leche. Suba la temperatura del horno a 220 ºC, 7 de gas, y hornee durante 20 minutos o hasta que las tortas estén listas.

codorniz con chorizo y pimientos

2 raciones
tiempo de preparación
15 minutos
tiempo de cocción **45 minutos**

25 g de **mantequilla**
1 cucharada de **aceite de oliva**
1 **cebolla** muy picada
75 g de **chorizo** en dados
   muy pequeños
2 **codornices** grandes
1 **pimiento verde** sin semillas,
   muy picado
1 **pimiento rojo** sin semillas,
   muy picado
2 cucharadas de **pasta**
   de tomate seco
1 cucharada de **miel ligera**
100 ml de **amontillado**
sal y pimienta

Funda la mantequilla con el aceite en una cazuela refractaria y sofría la cebolla y el chorizo durante 5 minutos, hasta que empiecen a dorarse.

Añada las codornices y dórelas ligeramente por todos los lados. Resérvelas en un plato.

Incorpore los pimientos a la cazuela y sofríalos durante 5 minutos. Añada la pasta de tomate. Vuelva a poner las codornices en la cazuela y pincélelas con la miel. Vierta por encima el amontillado y salpimiente.

Tape y hornee a 180 °C, 4 de gas, durante 30 minutos, o hasta que las codornices estén bien hechas. Realice una prueba pinchando una zona muy carnosa con la punta de un cuchillo afilado; debe entrar con facilidad. Compruebe de sal y pimienta y reparta la salsa de pimientos en los platos de servir. Ponga las codornices encima y rocíelas con los jugos de la cazuela.

Para preparar cuscús de hierbas aromáticas como acompañamiento, ponga 125 g de cuscús en un recipiente refractario. Añada 150 ml de caldo de pollo o vegetal (*véanse* págs. 16 y 190), tape y deje reposar en un lugar cálido durante 10 minutos. Añada la ralladura de 1 limón, 1/4 de cucharadita de pimentón ahumado, 2 cucharadas de perejil picado y 1 cucharada de menta picada. Salpimiente al gusto y remueva con un tenedor.

masala de pollo y espinacas

4 raciones
tiempo de preparación
15 minutos
tiempo de cocción
13-16 minutos

2 cucharadas de **aceite**
1 **cebolla** en juliana fina
2 **dientes de ajo** aplastados
1 **chile verde** sin semillas,
   en juliana fina
1 cucharadita de **raíz
   de jengibre fresco** rallada
1 cucharadita de **cilantro molido**
1 cucharadita de **comino molido**
200 g de **tomates** en conserva
750 g de **muslos de pollo**
   sin piel, deshuesados y
   cortados en trozos pequeños
200 ml de *crème fraîche*
300 g de **espinacas** picadas
2 cucharadas de **cilantro fresco**
   picado
sal y pimienta

Caliente el aceite en una olla grande con el fondo grueso. Añada la cebolla, los ajos, el chile y el jengibre. Sofría durante 2-3 minutos e incorpore después el cilantro y el comino. Remueva y sofría durante 1 minuto más.

Agregue los tomates y sofría a fuego lento durante 3 minutos. Suba el fuego e incorpore el pollo. Saltéelo hasta que la parte externa de la carne quede «sellada». Añada la nata y las espinacas.

Tape la olla y haga el pollo durante 6-8 minutos, remueva de vez en cuando. Incorpore el cilantro picado, sal y pimienta al gusto.

Para preparar arroz especiado al limón como acompañamiento, ponga 200 g de arroz basmati en un colador y lávelo bien con agua fría. Escurra y reserve. Caliente 1 cucharada de aceite de oliva en un cazo antiadherente y cuando esté caliente añada 12-14 hojas de curry, 1 chile rojo seco, media ramita de canela, 2-3 clavos, 4-6 vainas de cardamomo, 2 cucharaditas de semillas de comino y ¼ de cucharadita de cúrcuma molida. Saltee durante 20-30 segundos y añada el arroz. Saltee durante 2 minutos y añada el zumo de un limón grande y 450 ml de agua hirviendo. Lleve a ebullición, tape y baje el fuego. Continúe con la cocción durante 10-12 minutos, retire del fuego y deje reposar durante 10 minutos; por último, ahueque el arroz con un tenedor antes de servirlo.

pollo a la italiana con salsa de tomate

4 raciones
tiempo de preparación
20 minutos
tiempo de cocción **1 hora
y 15 minutos**

4 **patas de pollo** cortadas
por la articulación
4 cucharadas de **aceite de oliva**
1 **cebolla** grande muy picada
1 **rama de apio** muy picada
75 g de **panceta** en dados
2 **dientes de ajo** aplastados
3 **hojas de laurel**
4 cucharadas de **vermut seco**
o **vino blanco**
2 latas de 400 g de **tomates
troceados**
1 cucharadita de **azúcar
extrafino**
3 cucharadas de **pasta
de tomates secos**
25 g de **hojas de albahaca**
desmenuzadas
8 **olivas negras**
sal y pimienta

Salpimiente el pollo. Caliente el aceite en una cazuela
o una sartén grande y dore las piezas de pollo por todos
los lados. Retire y reserve.

Añada la cebolla, el apio y la panceta y sofría a fuego suave
durante 10 minutos. Incorpore el ajo y las hojas de laurel
y sofría 1 minuto más.

Agregue el vermut o el vino, los tomates, el azúcar y la pasta
de tomate; salpimiente y lleve a ebullición. Vuelva a poner
el pollo en la cazuela o la sartén y reduzca el fuego al mínimo.
Deje cocer sin tapar, durante 1 hora o hasta que el pollo
quede muy tierno.

Añada la albahaca y las olivas y compruebe de sal antes
de servir.

Para preparar ensalada de hinojo, naranja y olivas

para servir como acompañamiento, mezcle 1 bulbo grande
de hinojo cortado en juliana fina con 8 o 10 olivas negras,
1 cucharada de aceite de oliva y 2 cucharadas de zumo
de limón. Salpimiente. Pele 2 naranjas y córtelas en rodajas
finas. Añádalas a la ensalada y mezcle todo con cuidado.

pescados

risotto de cangrejo

4 raciones
tiempo de preparación
10 minutos
tiempo de cocción **30 minutos**

50 g de **mantequilla**
2 **chalotas** muy picadas
1 **chile rojo suave** en láminas
finas
1 cucharaditas de **pimentón**
suave
1 **diente de ajo** aplastado
300 g de **arroz para** *risotto*
1 vaso de **vino blanco seco**
(unos 150 ml)
unas **ramitas de tomillo**
limonero
unos 1,2 l de **caldo de pescado**
o **caldo de pollo** caliente
(*véanse* págs. 16 y 88)
3 cucharadas de **estragón**
picado
300 g de **colas de cangrejo**
en conserva, escurridas
sal
parmesano recién rallado
para decorar

Funda la mantequilla en una olla grande o una sartén honda y sofría las chalotas hasta que estén tiernas. Añada el chile, el pimentón y el ajo y sofría a fuego suave durante 30 segundos; el ajo no debe adquirir color.

Agregue el arroz y sofría a fuego suave durante 1 minuto; remuévalo. Incorpore el vino y deje que borbotee hasta que casi llegue a evaporarse.

Añada el tomillo y un cucharón de caldo y deje cocer, remueva de vez en cuando, hasta que el arroz lo absorba casi todo. Continúe con la cocción, añadiendo un cucharón de caldo cada vez y dejando que el arroz lo absorba casi todo antes de añadir más. Cuando el arroz esté *al dente*, el *risotto* estará listo (le llevará unos 25 minutos). Es posible que le sobre caldo.

Incorpore el estragón, el cangrejo y el resto de la mantequilla y caliente todo durante 1 minuto. Añada un poco de sal si lo cree necesario y sirva inmediatamente con parmesano y una ensalada de berros, si le apetece.

Para preparar *risotto* **de langostinos**, sofría 350 g de langostinos pelados crudos en la mantequilla. Hágalos hasta que tomen un tono rosa; retírelos y vuelva a ponerlos en la olla en el último paso de la receta. Prescinda del chile y sustituya las chalotas por 1 manojo de cebolletas picadas.

rape con arroz al coco

4 raciones
tiempo de cocción **20 minutos**
tiempo de preparación
25 minutos

625 g de **filetes de rape**
4 tallos largos y finos
de **citronela**
1 manojo de **cebolletas**
3 cucharadas de **aceite**
para saltear o para **wok**
(*véase* pág. 11)
½ cucharadita de **chiles secos**
machacados
2 **dientes de ajo** en láminas
300 g de **arroz tai aromático**
400 g de **leche de coco**
50 g de **concentrado de coco**
picado
200 ml de **agua caliente**
2 cucharadas de **vinagre**
de vino de arroz
150 g de **espinacas baby**
sal y pimienta

Corte el rape en dados de 3 cm. Con un cuchillo grande, corte cada tallo de citronela por la mitad a lo largo (si los tallos son muy gruesos, retire la capa exterior, píquela bien y añádala al aceite con el chile). Corte los extremos de los tallos y ensarte las piezas de rape. Si le resulta difícil, pinche primero cada trozo de rape con un cuchillo pequeño.

Pique las cebolletas manteniendo separada la parte blanca de la verde.

Caliente el aceite en una sartén grande con los copos de chile, el ajo y la parte blanca de las cebolletas. Añada los pinchos de rape y fríalos a fuego suave durante unos 5 minutos o hasta que estén listos. Gírelos una vez. Retire y reserve.

Incorpore a la sartén el arroz, la leche de coco y el concentrado de coco y lleve a ebullición. Baje el fuego, cubra con una tapa o con papel aluminio y deje cocer durante 6-8 minutos, remueva con frecuencia, hasta que el arroz esté casi tierno y haya absorbido la leche. Añada el agua y continúe con la cocción 10 minutos más, hasta que el arroz quede completamente tierno. Añada un poco más de agua si la mezcla se seca antes de que el arroz esté listo.

Añada el vinagre, el resto de las cebolletas y por último las espinacas, mezclando todo con el arroz hasta que las hojas de las espinacas se ablanden. Disponga los pinchos sobre el arroz. Tape y cocine a fuego lento durante 3 minutos; sirva inmediatamente.

atún asado con lentejas

4 raciones
tiempo de preparación
15 minutos
tiempo de cocción
**50 minutos-1 hora
y 5 minutos**

½ cucharadita de **sal de apio**
750 g de **atún** en una pieza fina
1 **bulbo de hinojo**
3 cucharadas de **aceite de oliva**
250 g de **lentejas negras**
escurridas
1 vaso de **vino blanco**
(unos 150 ml)
250 ml de **caldo de pescado**
o **caldo vegetal** (*véanse*
págs. 88 y 190)
4 cucharadas de **hojas de
hinojo** o de **eneldo** picadas
2 cucharadas de **alcaparras**
lavadas y escurridas
400 g de **tomates troceados**
en conserva
sal y pimienta

Mezcle la sal de apio con un poco de pimienta y aderece el atún. Corte el bulbo de hinojo por la mitad y después en juliana fina.

Caliente el aceite en una cazuela refractaria y dore el atún. Resérvelo. Añada a la cazuela el hinojo y sofría a fuego suave hasta que esté tierno.

Añada las lentejas y el vino y lleve a ebullición. Deje cocer hasta que el vino se haya reducido casi a la mitad. Incorpore el caldo, las hojas de hinojo o eneldo, las alcaparras y los tomates y lleve de nuevo a ebullición. Tape y hornee a 180 °C, 4 de gas, durante 15 minutos.

Ponga el atún de nuevo en la cazuela y continúe con la cocción durante 20 minutos, hasta que las lentejas estén muy tiernas. El atún debe quedar ligeramente rosado en el centro. Si lo prefiere bien hecho, vuelva a ponerlo en el horno durante 15-20 minutos más. Compruebe de sal y sirva.

Para preparar cordero asado con lentejas, sustituya el atún por una pieza de solomillo de cordero de 625 g. Dore la carne como se indica en el segundo paso de la receta. Prescinda del bulbo de hinojo y utilice la misma cantidad de caldo de pollo en lugar de caldo de pescado o vegetal. Sustituya el hinojo o el eneldo por la misma cantidad de romero u orégano. Continúe la preparación como se indica en la receta, pero 30 minutos en lugar de 20. Si prefiere el cordero bien hecho, vuelva a hornearlo 20 minutos más.

guiso de marisco

4 raciones
tiempo de preparación
25 minutos
tiempo de cocción **15 minutos**

1 cucharadita de **aceite
de sésamo**
1 cucharada de **aceite vegetal**
3 **chalotas** picadas
3 **dientes de ajo** aplastados
1 **cebolla** en juliana
150 ml de **leche de coco**
150 ml de **agua**
3 cucharadas de **vinagre de vino
de arroz**
1 **tallo de citronela** picado
4 **hojas de lima kaffir**
1 **chile rojo** picado
300 ml de **caldo de pescado**
(*véase* pág. 88) o **agua**
1 cucharada de **azúcar extrafino**
2 **tomates** cortados en cuartos
4 cucharadas de **salsa
de pescado**
1 cucharadita de **puré de tomate**
375 g de **fideos de arroz
instantáneos**
375 g de **langostinos tigre**
sin cabeza y pelados
125 g de anillas de **calamar**
175 g de **almejas** limpias
400 g de setas *Volvariella
volvacea* escurridas
20 **hojas de albahaca**

Calentar el aceite de sésamo y el vegetal en una olla
grande, añadir las chalotas y el ajo y sofreír durante
2 minutos o hasta que estén tiernos, pero sin que lleguen
a adquirir color.

Añada la cebolla, la leche de coco, el agua, el vinagre,
la citronela, las hojas de lima, el chile, el caldo o el agua
y el azúcar. Lleve a ebullición y deje cocer 2 minutos.
Baje el fuego e incorpore los tomates, la salsa de pescado
y el puré de tomate y continúe con la cocción 5 minutos más.
Incorpore los fideos de arroz.

Añada los langostinos, las anillas de calamar, las almejas
y las setas y deje cocer 5-6 minutos o hasta que el marisco
esté listo. Agregue las hojas de albahaca. Sirva el guiso
inmediatamente.

Para preparar salsa nuoc mam para mojar, como
acompañamiento, mezcle 6 cucharadas de salsa de
pescado, 2 cucharaditas de azúcar extrafino, 1 cucharada
de vinagre de vino de arroz, 3 chiles rojos picantes picados
y 2 chiles verdes picantes picados. Deje reposar durante
una hora.

guiso sabroso de pescado

4 raciones
tiempo de preparación
25 minutos
tiempo de cocción **40 minutos**

4 cucharadas de **aceite de oliva**
1 **cebolla** picada
1 **puerro** pequeño picado
4 **dientes de ajo** aplastados
1 cucharadita de **azafrán
en hebras**
400 g de **tomates troceados**
en conserva
4 cucharadas de **pasta de
tomates secos**
1 l de **caldo de pescado**
(*véase* pág. 88)
3 **hojas de laurel**
varias **ramitas de tomillo**
750 g de **pescado**, por ejemplo
abadejo, besugo, halibut
y **lubina**, sin piel ni espinas y
cortado en trozos pequeños
250 g de **langostinos crudos
pelados**
sal y pimienta
8 cucharadas de **alioli**
y rebanadas de pan
para decorar

Caliente el aceite en una olla grande y sofría la cebolla y el
puerro durante 5 minutos. Añada el ajo y sofría 1 minuto más.

Incorpore el azafrán, los tomates, la pasta de tomate, el caldo,
el laurel y el tomillo. Lleve a ebullición, reduzca el fuego y deje
cocer durante 25 minutos.

Agregue poco a poco el pescado y hágalo a fuego muy suave
durante 5 minutos. Incorpore los langostinos y continúe con
la cocción 2-3 minutos más, hasta que adopten un tono rosado
y el pescado se desmenuce fácilmente con un cuchillo.

Compruebe el aderezo y sirva el guiso en platos hondos.
Para decorar, ponga un poco de alioli sobre las rebanadas
de pan y éstas sobre el guiso.

Para preparar alioli casero, en un robot de cocina,
o en el vaso de la batidora, mezcle 2 yemas de huevo,
1 diente de ajo aplastado, ½ cucharadita de sal marina
y 1 cucharada de vinagre de vino blanco. Aderece con
pimienta. Con el motor en marcha, añada gradualmente
300 ml de aceite de oliva hasta que la mezcla quede
espesa y brillante. Añada un poco de agua hirviendo
si queda demasiado espesa. Sirva la salsa en un cuenco,
tápela y guárdela en la nevera hasta que la necesite.

paella de pollo y marisco

4 raciones
tiempo de preparación
25 minutos
tiempo de cocción **45 minutos**

150 ml de **aceite de oliva**
150 g de **chorizo** en trozos
   pequeños
4 **muslos de pollo** deshuesados
   y troceados
300 g de **anillas de calamar**
8 **langostinos crudos** grandes
1 **pimiento rojo** sin semillas,
   picado
4 **dientes de ajo** aplastados
1 **cebolla** picada
250 g de **arroz para paella**
1 cucharadita de **azafrán**
   en hebras
450 ml de **caldo de pollo**
   o de **pescado** (*véanse*
   págs. 16 y 88)
100 g de **guisantes** o de **habas**
300 g de **mejillones**
sal y pimienta
limón o **lima** en gajos para
   decorar

Caliente la mitad del aceite en una paellera, una olla o una sartén grande y saltee el chorizo durante 5 minutos. Póngalo a escurrir en un plato. Incorpore el pollo a la olla y dórelo durante 5 minutos. Reserve. Haga las anillas de calamar y los langostinos en el aceite; dé la vuelta a los langostinos una vez (deben quedar rosados). Resérvelos mientras hace el arroz.

Añada el pimiento rojo, el ajo y la cebolla y sofría durante 5 minutos. Incorpore el arroz e imprégnelo con el aceite durante 1 minuto. Agregue el azafrán y el caldo y lleve a ebullición. Baje el calor, cubra con una tapa o con papel de aluminio y deje cocer a fuego lento durante unos 20 minutos, hasta que el arroz esté tierno.

Limpie bien los mejillones (retire las posibles lapas y las barbas). Deseche las conchas dañadas y las piezas que estén abiertas y no se cierren si las golpea suavemente con un cuchillo.

Vuelva a poner el chorizo, el pollo, las anillas de calamar y los langostinos en la paellera con los guisantes o las habas y mezcle todo bien. Reparta los mejillones por encima, hundiéndolos ligeramente en el arroz. Tape y deje cocer 5 minutos más o hasta que los mejillones se abran. Retire los que continúen cerrados. Compruebe de sal y sirva el arroz adornado con gajos de limón o lima.

Para preparar paella de cerdo, sustituya el pollo por 400 g de magro de cerdo, troceado y cocinado como se indica en la receta. Sustituya las anillas de calamar por 8 vieiras con huevas, y los mejillones, por la misma cantidad de almejas pequeñas.

mejillones con salsa de nata al estragón

4 raciones
tiempo de preparación
20 minutos
tiempo de cocción **15 minutos**

1 kg de **mejillones frescos**
50 g de **mantequilla**
2 **chalotas** muy picadas
2 **dientes de ajo** aplastados
1 cucharadita de **cilantro molido**
2 cucharaditas de **tomillo limonero** picado
1 cucharada de **harina**
1 vaso de **vino blanco** (unos 150 ml)
2 cucharadas de **estragón** picado
150 ml de **nata**
sal y pimienta

Limpie bien los mejillones. Descarte los que tengan la concha dañada y los que no se cierren.

Funda la mantequilla en un cazo grande. Añada las chalotas, el ajo, el cilantro y el tomillo y sofría a fuego muy suave durante 2 minutos. Retire del fuego y agregue la harina hasta obtener una pasta fina. Añada lentamente el vino y bata la mezcla hasta que quede uniforme.

Vuelva a poner el cazo en el fuego, sin dejar de remover, hasta que la salsa quede espesa y uniforme. Agregue el estragón. Añada los mejillones y tápelos. Deje cocer unos 5 minutos, remueva hasta que se abran.

Sirva los mejillones en cuencos calientes.

Añada la nata a la salsa y lleve a ebullición. Salpimiente al gusto y reparta la salsa sobre los mejillones. Sirva con pan caliente y crujiente.

Para preparar mejillones al vapor con salsa de vino blanco, prepare los mejillones como en el primer paso. Funda 25 g de mantequilla en una cazuela y sofría 1 cebolla pequeña picada, 1 o 2 dientes de ajo muy picados y 1 puerro pequeño en juliana muy fina. Añada los mejillones, 300 ml de vino blanco seco y 150 ml de agua, tape y lleve a ebullición. Haga los mejillones durante 2-5 minutos, hasta que se abran, y repártalos en cuencos de servir. Mezcle 25 g de mantequilla con 15 g de harina hasta formar una pasta. Añádala poco a poco a los jugos de la cazuela sin dejar de remover. Lleve a ebullición, espolvoree con 2 cucharadas de perejil picado, salpimiente y vierta la salsa sobre los mejillones.

tagine de pescado a las especias

4 raciones
tiempo de preparación
15 minutos
tiempo de cocción **35 minutos**

625 g de **filetes de halibut**
1 cucharadita de **semillas**
de comino
1 cucharadita de **semillas**
de cilantro
4 cucharadas de **aceite de oliva**
1 **cebolla** grande en juliana
3 tiras de **cáscara de naranja**,
más 2 cucharadas de **zumo**
3 **dientes de ajo** laminados
½ cucharadita de **azafrán**
en hebras
150 ml de **caldo de pescado**
(*véase* pág. 88)
50 g de **dátiles** laminados
25 g de **almendras fileteadas**,
ligeramente tostadas
sal y pimienta

Corte el halibut en trozos medianos y retire la piel y las espinas, si tiene. Salpimiente ligeramente. Machaque las semillas de comino y cilantro con un mortero.

Caliente el aceite en una sartén grande y sofría la cebolla y las tiras de cáscara de naranja durante 5 minutos. Añada el ajo y las especias machacadas y sofría durante 2-3 minutos más.

Añada el pescado y gire las piezas para que se impregnen con las especias. Espolvoree con el azafrán y agregue el caldo y el zumo de naranja. Reparta los dátiles y las almendras.

Cubra con una tapa o con papel de aluminio y cocine a fuego muy suave durante 20-25 minutos, o hasta que el pescado esté bien hecho. Compruebe de sal y sirva con cuscús al vapor.

Para preparar *tagine* **picante de pez espada**, sustituya el halibut por la misma cantidad de pez espada. Añada un chile rojo suave o medio, sin semillas y picado, junto a las especias machacadas. Utilice 25 g de higos secos y 25 g de albaricoques secos en lugar de los dátiles.

pescado picante

2 raciones
tiempo de preparación
10 minutos, más tiempo
de marinado
tiempo de cocción **5 minutos**

1 **diente de ajo** pelado
2 **chalotas rojas** picadas
1 **tallo de citronela**
½ cucharadita de **cúrcuma
molida**
½ cucharadita de **jengibre
molido**
1 **chile rojo suave**, sin semillas,
picado
1 cucharada de **aceite
de cacahuete**
2 cucharaditas de **salsa
de pescado**
300 g de **pescado blanco
en filetes**, sin espinas,
cortados en trozos medianos
sal y pimienta
1 cucharada de **cilantro fresco**
picado para decorar

Ponga el ajo, las chalotas, la citronela, la cúrcuma, el jengibre, el chile, sal y pimienta en un robot de cocina o en el vaso de la batidora y mezcle hasta obtener una pasta; añada el aceite y la salsa de pescado para ligar.

Coloque el pescado en un cuenco y mézclelo con la pasta de especias. Tape y guárdelo en la nevera unos 15 minutos.

Ensarte las piezas de pescado en pinchos y dispóngalos en una bandeja forrada con papel de aluminio. Hornéelos con el grill durante 4-5 minutos; deles la vuelta una vez para que las piezas se doren por todos los lados. Sirva con el cilantro espolvoreado.

Para preparar verduras chinas servidas como acompañamiento, ponga 300 g de verduras chinas crudas y troceadas en una cazuela con agua hirviendo y cuézalas 1 o 2 minutos. Escurra y sírvalas en platos calientes. Ponga 1 cucharadita de aceite de cacahuete en una sartén pequeña y caliéntelo. Saltee ½ cucharadita de ajo muy picado. Añada 1 cucharadita de salsa de ostras, 1 cucharada de agua y ½ cucharada de aceite de sésamo. Lleve a ebullición. Vierta la salsa sobre las verduras y remueva.

pastel de pescado

4 raciones
tiempo de preparación
15 minutos
tiempo de cocción **1 hora
y 10 minutos**

300 g de **langostinos crudos
pelados**
2 cucharaditas de **harina
de maíz**
300 g de **pescado blanco
sin piel** (por ejemplo, abadejo)
cortado en trozos pequeños
2 cucharaditas de **granos de
pimienta verde en conserva,**
aclarados y escurridos
1 **bulbo pequeño de hinojo**
picado
1 **puerro** pequeño picado
15 g de **eneldo fresco**
15 g de **perejil fresco**
100 g de **guisantes frescos**
o **congelados**
350 g de **salsa de queso
casera** o **preparada**
(*véase* pág. 206)
750 g de **patatas para asar**
cortadas en rodajas finas
75 g de **queso chedar** rallado
sal y pimienta

Seque los langostinos, si son congelados, entre dos hojas
de papel de cocina. Salpimiente la harina de maíz y reboce
con ella los langostinos y el pescado. Aplaste ligeramente
los granos de pimienta con un mortero.

Ponga la pimienta en un robot de cocina con el hinojo,
el puerro, el eneldo, el perejil y un poco de sal y mezcle
hasta que todo quede muy picado. Vierta la mezcla
en una fuente para horno.

Reparta los langostinos y el pescado sobre la mezcla de
hierbas y remueva un poco para que se impregnen. Distribuya
los guisantes por encima.

A continuación, reparta la mitad de la salsa de queso
sobre el relleno anterior. Ponga encima las patatas en
capas; salpimiente cada capa a medida que va avanzando.
Reparta por último el resto de la salsa y extiéndala en
una capa fina. Espolvoree con el queso rallado.

Hornee a 220 °C, 7 de gas, durante 30 minutos o hasta
que la superficie se dore ligeramente. Baje la temperatura
a 180 °C, 4 de gas, y continúe con la cocción durante
30-40 minutos más, hasta que las patatas estén completamente
tiernas. Sirva con una ensalada de tomate.

Para preparar pastel de pescado ahumado y alcaparras,
utilice 625 g de abadejo ahumado, sin piel, cortado en
trozos pequeños, en lugar de los langostinos y el pescado
blanco. Utilice 2 cucharadas de alcaparras en lugar de
la pimienta verde.

curry sencillo de marisco

4 raciones
tiempo de preparación
20 minutos
tiempo de cocción **35 minutos**

40 g de **raíz fresca de jengibre**
rallada
1 cucharadita de **cúrcuma**
molida
2 **dientes de ajo** aplastados
2 cucharaditas de **pasta de curry**
medio
150 ml de **yogur natural**
625 g de **filetes de pescado**
blanco sin piel
2 cucharadas de **aceite**
1 **cebolla** grande en juliana
1 **ramita de canela** abierta
por la mitad
2 cucharaditas de **azúcar**
mascabado
2 **hojas de laurel**
400 g de **tomates troceados**
en conserva
300 ml de **caldo de pescado**
o **vegetal** (*véase* pág. 190)
500 g de **patatas para cocer**,
cortadas en trozos pequeños
25 g de **cilantro fresco** picado
sal y pimienta

Mezcle el jengibre, la cúrcuma, el ajo y la pasta de curry en un cuenco. Agregue y mezcle el yogur. Corte el pescado en trozos grandes e incorpórelo al cuenco. Remueva hasta que quede bien impregnado con la mezcla de especias.

Caliente el aceite en una cazuela grande y sofría la cebolla, la canela, el azúcar y las hojas de laurel hasta que la cebolla quede tierna. Añada los tomates, el caldo y las patatas y lleve a ebullición. Deje cocer sin tapar durante unos 20 minutos, hasta que las patatas estén tiernas y la salsa haya espesado.

Agregue el pescado y la salsa de yogur y baje el fuego al mínimo. Deje cocer durante unos 10 minutos o hasta que el pescado esté bien hecho. Compruebe de sal y añada el cilantro antes de servir.

Para preparar caldo casero de pescado, funda una nuez de mantequilla en una olla grande y sofría 2 chalotas picadas, 1 puerro pequeño picado y 1 rama de apio o un bulbo de hinojo picado. Añada 1 kg de raspas, cabezas y demás restos; varias ramitas de perejil, medio limón y 1 cucharadita de pimienta en grano. Cubra con agua fría y lleve a ebullición. Deje cocer sin tapar, al mínimo de fuego, durante 30 minutos. Cuele y deje enfriar.

lubina y patatas con especias

2 raciones
tiempo de preparación
  15 minutos
tiempo de cocción **1 hora**

500 g de **patatas para asar**
3 cucharadas de **aceite de oliva**
2 cucharadas de **tapenade
  de tomates secos**
½ cucharadita de **chile suave
  molido**
2 **lubinas** pequeñas, enteras,
  sin escamas y evisceradas
2 cucharadas de **hierbas**
  picadas, por ejemplo **tomillo,
  perejil, perifollo, estragón**
1 **diente de ajo** aplastado
2 **hojas de laurel**
½ **limón** en rodajas
un puñado de **olivas negras
  deshuesadas**
sal y pimienta

Corte las patatas en rodajas de 1 cm de grosor (puede pelarlas primero, aunque no es necesario). Corte cada rodaja en tiras. Mezcle 2 cucharadas de aceite con la tapenade, el chile y abundante sal. Cubra las patatas con esta mezcla.

Ponga las patatas en una fuente de horno y hornee a 200 °C, 6 de gas, durante 30 minutos (hasta que las patatas tomen un ligero tono dorado). Remueva las patatas una o dos veces durante la cocción.

Mientras tanto, realice varios cortes en el pescado por ambos lados. Mezcle el resto del aceite con 1 cucharada de las hierbas, el ajo y un poco de sal y pimienta. Introduzca las hojas de laurel, las rodajas de limón y el resto de las hierbas en los cortes del pescado y coloque éste sobre las patatas (repártalas alrededor de la fuente).

Pinte el pescado con el aceite de ajo y hierbas y reparta las olivas sobre las patatas. Hornee 30 minutos, hasta que el pescado esté bien hecho (para realizar la prueba, pinche la parte más gruesa con un cuchillo; la carne debe estar bien hecha hasta la raspa).

Para preparar ensalada de tomate para servir como acompañamiento, corte 2 tomates grandes en rodajas y dispóngalos en una fuente. Corte media cebolla roja pequeña y colóquela sobre los tomates. Mezcle bien los siguientes ingredientes para el aliño: 6 cucharadas de aceite de oliva, 2 cucharadas de vinagre de sidra, 1 diente de ajo aplastado, media cucharadita de mostaza de Dijon, sal y pimienta. Reparta sobre los tomates y termine con un poco de perejil picado.

sopa tai de langostinos

4 raciones
tiempo de preparación
20 minutos
tiempo de cocción **20 minutos**

para la **base de la sopa**
una pieza de 5 cm de **galanga**
   o **raíz fresca de jengibre**
   cortada en láminas muy finas
500 ml de **leche de coco**
250 ml de **caldo de pollo**
   o **caldo vegetal** (*véanse*
   págs. 16 y 190)
2 cucharadas de **salsa
   de pescado**
6 **hojas de lima kaffir**
1-2 cucharadas de **pasta
   de curry verde**

para la **sopa**
½ manojo de **cebolletas** picadas
150 g de **champiñones**
   fileteados
250 g de **brócoli** muy picado
300 g de **langostinos crudos
   pelados**
1 cucharada de **zumo de lima**
   recién exprimido
4 cucharadas de **cilantro fresco**
   recién picado

Para preparar la base de la sopa, mezcle la galanga o
el jengibre, la leche de coco, el caldo, la salsa de pescado,
las hojas de lima y la pasta de curry en una olla y lleve
a ebullición. Deje cocer a fuego lento durante 10 minutos.
Remueva de vez en cuando.

Añada las cebolletas, los champiñones y el brócoli a la mezcla
anterior y deje cocer 5-6 minutos, hasta que las verduras estén
cocidas pero todavía crujientes.

Incorpore los langostinos y deje cocer durante 3-5 minutos,
hasta que estén rosados y cocidos. Agregue el zumo de lima
y el cilantro fresco y sirva.

Para preparar pasta casera de curry, tueste 1 cucharada
de semillas de cilantro y 2 cucharaditas de semillas de
comino en una sartén, a fuego medio, durante 2-3 minutos
y sin dejar de remover. Muela con un mortero las semillas
tostadas y 1 cucharadita de granos de pimienta negra.
Ponga las especias molidas en un robot de cocina
y mézclelas durante 5 minutos. Añada 8 chiles verdes
grandes troceados, 20 chalotas picadas, una pieza de
5 cm de raíz fresca de jengibre picada, 12 dientes
de ajo pequeños picados, 75 g de hojas de cilantro fresco
picadas, 6 hojas de lima kaffir desmenuzadas, 3 tallos de
citronela muy picados, 2 cucharaditas de ralladura de lima,
2 cucharaditas de sal y 2 cucharadas de aceite de oliva.
Mezcle durante 10 segundos en varias tandas hasta que
obtenga una pasta suave. Guárdela en la nevera un máximo
de dos semanas.

salteado picante de langostinos y patatas

2 raciones

tiempo de preparación
15 minutos

tiempo de cocción **25 minutos**

3 cucharadas de *chutney*
  de mango
½ cucharadita de **pimentón**
  picante ahumado
1 cucharada de **zumo de limón**
  o de **lima**
4 cucharadas de **aceite**
400 g de **langostinos crudos**
  pelados
500 g de **patatas para asar**
  cortadas en dados de 1,5 cm
2 **dientes de ajo** aplastados
400 g de **tomates troceados**
  en conserva
50 g de **concentrado de coco**
  en trozos pequeños
sal y pimienta
mostaza y berros o **cebollino**
  picado para decorar

Mezcle el *chutney* de mango, el pimentón y el zumo de limón o lima en un cuenco pequeño.

Caliente la mitad del aceite en una sartén y fría los langostinos durante unos 3 minutos (deles la vuelta una vez), hasta que estén rosados. Retírelos inmediatamente de la sartén.

Añada a la sartén las patatas con el resto del aceite y hágalas a fuego muy suave durante unos 10 minutos, remueva con frecuencia, hasta que estén doradas y hechas por dentro. Añada el ajo y continúe con la cocción 1 minuto más.

Incorpore los tomates y lleve a ebullición. Baje el fuego y deje cocer hasta que la salsa espese. Añada el coco concentrado y la mezcla de mango y deje cocer a fuego suave hasta que el coco se haya disuelto en la salsa.

Agregue los langostinos y caliente todos los ingredientes durante unos segundos. Compruebe de sal y sirva con mostaza y berros o con cebollino.

Para preparar salteado de langostinos y boniatos

al curry, sustituya el pimentón por 1 o 2 cucharaditas de pasta de curry medio. Cambie las patatas por la misma cantidad de boniatos limpios o pelados.

salmón al horno con eneldo y mostaza

4 raciones
tiempo de preparación
20 minutos
tiempo de cocción **55 minutos**

3 cucharadas de **eneldo** picado
2 cucharadas de **mostaza**
granulada
2 cucharadas de **zumo de lima**
1 cucharada de **azúcar extrafino**
150 ml de **nata**
2 **bulbos de hinojo** pequeños
en rodajas finas
2 cucharadas de **aceite de oliva**
750 g de **filete de salmón**
sin piel
4 **huevos duros** en cuartos
250 g de **masa de hojaldre**
yema de huevo batida
para glasear
sal y pimienta

Mezcle el eneldo, la mostaza, el zumo de lima y el azúcar en un cuenco. Añada la nata y salpimiente ligeramente.

Ponga el hinojo en una fuente de horno de 2 l de capacidad. Rocíe con el aceite y hornee a 200 °C, 6 de gas, durante 20 minutos; gire el hinojo dos o tres veces, hasta que quede tierno.

Corte el salmón en ocho piezas y póngalo en la fuente con los huevos, repartidos entre el hinojo, de manera que todos los ingredientes queden bien mezclados. Distribuya la salsa por encima y vuelva a hornear durante 15 minutos.

Extienda el hojaldre sobre una superficie ligeramente enharinada y corte cuadrados de 8 x 6 cm. Pinte la superficie con yema de huevo y realice cortes superficiales en diagonal, en la masa, con la punta de un cuchillo afilado. Espolvoree con pimienta.

Disponga un papel de horno de doble grosor sobre la fuente con el salmón y distribuya los cuadrados de hojaldre por encima. Hornee durante 10-15 minutos, hasta que la masa suba y se dore. Reparta los hojaldres sobre el salmón y sirva con una ensalada verde.

Para preparar pastel de eneldo, mostaza y salmón, sustituya el zumo de lima por zumo de limón y reparta 1 cucharada de alcaparras sobre el salmón. Cambie el hojaldre por 6 láminas de pasta filo. Colóquela en capas encima del salmón; pinte cada capa con mantequilla fundida y arrúguelas un poco. Hornee durante 20-25 minutos.

platija rellena de feta

4 raciones
tiempo de preparación
20 minutos
tiempo de cocción **40 minutos**

2 cucharadas de **menta** picada
2 cucharadas de **orégano**
picado
25 g de **jamón de Parma**
muy picado
2 **dientes de ajo** aplastados
4 **cebolletas** muy picadas
200 g de **queso feta**
8 **filetes de platija** sin piel
300 g de **calabacines** en rodajas
4 cucharadas de **aceite de oliva**
al ajo
8 **setas**
150 g de **tomates cherry**
1 cucharada de **alcaparras**
aclaradas y escurridas
sal y pimienta

Ponga la menta, el orégano, el jamón, el ajo y las cebolletas en un cuenco. Desmenuce el queso feta, salpimiente (con abundante pimienta) y mezcle bien.

Ponga los filetes de pescado con la parte pelada hacia arriba en la superficie de trabajo y reparta la mezcla de feta en el centro de cada filete. Enróllelos y asegúrelos con palillos.

Reparta los calabacines en una fuente de horno y rocíe con 1 cucharada del aceite. Hornee a 190 °C, 5 de gas, durante 15 minutos. Retire del horno y coloque los rollitos de platija en la fuente. Reparta las setas, los tomates y las alcaparras alrededor del pescado y salpimiente ligeramente. Rocíe con el resto del aceite.

Hornee durante 25 minutos más o hasta que el pescado esté bien hecho.

Para preparar pan de tomate y ajo para acompañar, mezcle 75 g de mantequilla blanda, 2 dientes de ajo aplastados, 3 cucharadas de pasta de tomates secos y un poco de sal y pimienta. En una chapata, realice cortes verticales con 2,5 cm de separación, pero sin llegar a la base. Introduzca la mezcla de ajo y pasta de tomate en los cortes. Envuelva el pan en papel de aluminio y hornéelo debajo del pescado durante 15 minutos. Retire el aluminio del pan y hornéelo 10 minutos más.

platija con sambal

4 raciones
tiempo de preparación
30 minutos
tiempo de cocción **30 minutos**

1 **tallo de citronela**, pequeño
2 **dientes de ajo** aplastados
6 cucharadas de **coco fresco** rallado
2 **chiles verdes** sin semillas y muy picados
4 **platijas** pequeñas enteras, sin escamas y evisceradas
4 cucharadas de **aceite**

para el **sambal de coco y tamarindo**
1 **cebolla** muy picada
1 **diente de ajo** aplastado
1 cucharada de **aceite**
2 cucharadas de **coco fresco** recién rallado
1 **chile rojo** sin semillas y muy picado
150 ml de **agua hirviendo**
2 cucharadas de **pulpa de tamarindo seco**
2 cucharaditas de **azúcar extrafino**
1 cucharada de **vinagre de vino blanco**
1 cucharada de **cilantro fresco** picado

Pique el tallo de citronela y mézclelo con el ajo, el coco y los chiles. Cubra cada platija con esta mezcla, tápelas y déjelas marinar en la nevera durante 2 horas o una noche.

Para preparar el sambal de coco y tamarindo, empiece salteando la cebolla y el ajo con el aceite, en una sartén grande, hasta que se pochen. Añada el coco con el chile rojo, remueva para que se impregnen con el aceite y sofría 2-3 minutos. Vierta el agua sobre la pulpa de tamarindo y deje reposar 10 minutos para que se disuelva.

Cuele el jugo resultante y reduzca a puré la mayor cantidad posible de pulpa. Añada este jugo a la sartén con el azúcar y deje cocer a fuego lento durante 5 minutos. Incorpore el vinagre, retire del fuego y deje enfriar. Cuando esté frío, añada el cilantro picado. Reserve en un cuenco y limpie la sartén.

Caliente el aceite en la sartén y fría las platijas de dos en dos. Transcurridos 6-8 minutos, cuando estén doradas y hechas, retírelas del aceite y póngalas a escurrir sobre papel de cocina. Manténgalas calientes mientras fríe las otras dos piezas. Sirva el pescado muy caliente con el sambal de coco y tamarindo.

Para preparar arroz perfumado para acompañar, cueza 325 g de arroz perfumado de grano largo en agua hirviendo. Fría un manojo de cebolletas cortadas finas en 2 cucharaditas de aceite durante 30 segundos. Añada la ralladura de 1 lima y 4-6 hojas de lima kaffir. Mezcle con el arroz escurrido y un poco de sal.

sopa de abadejo y marisco

4 raciones
tiempo de preparación
15 minutos
tiempo de cocción **20 minutos**

500 g de **abadejo ahumado sin colorante**
25 g de **mantequilla**
1 **puerro** grande picado
2 cucharaditas de **pasta de curry medio**
1 l de **caldo de pescado** (*véase* pág. 88)
50 g de **coco concentrado** troceado
3 **hojas de laurel**
150 g de **judías verdes** cortadas en trozos de 1 cm
3 **calabacines** pequeños picados
250 g de **marisco cocido**, por ejemplo **langostinos, mejillones, anillas de calamar** (si son congelados, descongelar antes)
100 ml de **nata líquida**
4 cucharadas de **perejil** muy picado
sal y pimienta

Corte el abadejo en trozos pequeños; retire la piel y las espinas.

Funda la mantequilla en una olla grande y sofría el puerro durante 3 minutos para ablandarlo. Añada la pasta de curry, el caldo y el coco concentrado y lleve casi a punto de ebullición. Baje el fuego y deje cocer lentamente, con la olla tapada, durante unos 10 minutos o hasta que el puerro quede tierno.

Incorpore las hojas de laurel, las judías y los calabacines, y deje cocer 2 minutos. Añada el abadejo y el marisco, 3 cucharadas de nata y el perejil y deje cocer a fuego muy suave durante 5 minutos o hasta que el abadejo se desmenuce fácilmente.

Salpimiente al gusto y sirva con un chorrito de nata.

Para preparar sopa de salmón ahumado y tirabeques, sustituya el abadejo por 500 g de salmón ligeramente ahumado y siga la receta. Sustituya las judías verdes por la misma cantidad de tirabeques.

asado mediterráneo de pescado

4 raciones
tiempo de preparación
15 minutos
tiempo de cocción **40 minutos**

5 cucharadas de **aceite de oliva**
2 **chalotas** muy picadas
75 g de **panceta** picada
50 g de **piñones**
2 cucharaditas de **romero**
   picado, más algunas ramitas
1 rebanada gruesa de **pan**
   blanco para preparar
   pan rallado
50 g de **anchoas** en conserva,
   escurridas y picadas
2 **cebollas rojas** muy picadas
6 **tomates** cortados en cuñas
2 **filetes de abadejo**, de 300 g
   cada uno, sin piel
sal y pimienta

Caliente 2 cucharadas de aceite en una fuente grande para asar y fría las chalotas y la panceta, remueva con frecuencia, hasta que empiecen a adquirir color. Añada los piñones y el romero picado con una pizca de pimienta, y sofría 2 minutos más. Reserve todo en un cuenco y añada el pan rallado y las anchoas. Mezcle bien.

Ponga las cebollas en la fuente y sofría durante 5 minutos. Incorpore los tomates y retire del fuego. Deje un hueco en el centro de la fuente para colocar el pescado.

Compruebe si el pescado tiene alguna espina y coloque un filete en la fuente. Disponga encima la mezcla reservada del primer paso, presionándola bien con los dedos. Coloque encima el segundo filete de abadejo, con la parte de la piel hacia abajo, y aderece con un poco de sal y pimienta.

Rocíe con el resto del aceite y hornee a 180 °C, 4 de gas, durante 30 minutos o hasta que el pescado esté bien hecho (compruébelo pinchando con un cuchillo en la zona más gruesa).

Para preparar ensalada de espinacas y nueces para servir como acompañamiento, caliente 1 cucharada de miel ligera en una sartén pequeña, añada 125 g de nueces y saltéelas a fuego medio durante 2-3 minutos, hasta que queden glaseadas. Mientras tanto, escalfe 250 g de judías verdes en agua hirviendo ligeramente salada durante 3 minutos y escúrralas. Póngalas en un cuenco grande con 200 g de espinacas baby. Bata los siguientes ingredientes para el aliño y salpimiente: 4 cucharadas de aceite de nuez, 2 cucharadas de aceite de oliva y 1-2 cucharadas de vinagre de jerez. Vierta sobre la ensalada y reparta las nueces por encima.

crumble de marisco y citronela

4 raciones
tiempo de preparación
  20 minutos
tiempo de cocción **40 minutos**

500 g de **filetes de pez espada**
200 g de **langostinos crudos**
  pelados
250 g de **queso mascarpone**
4 cucharadas de **vino blanco**
1 **tallo de citronela**
150 g de **harina**
75 g de **mantequilla** troceada
4 cucharadas de **eneldo** picado
4 cucharadas de **queso**
  parmesano recién rallado
sal y pimienta

Corte el pescado en trozos grandes (retire la piel y las espinas, si tiene). Reparta los trozos en una fuente de horno de 1,5 l de capacidad. Añada los langostinos y salpimiente.

Bata el mascarpone en un cuenco para ablandarlo. Añada el vino y reparta la mezcla sobre el pescado.

Pique la citronela lo más pequeña que pueda y mézclela con la harina y la mantequilla, con la batidora o el robot de cocina, hasta que la mezcla tenga el aspecto de pan rallado. Añada el eneldo y mezcle muy brevemente.

Reparta la mezcla sobre el pescado y espolvoree con el parmesano. Hornee a 190 °C, 5 de gas, durante unos 35-40 minutos o hasta que la superficie se dore ligeramente. Sirva con una ensalada verde.

Para preparar hojaldre de marisco, prescinda del parmesano y sustituya el *crumble* de citronela por 500 g de hojaldre. Extienda la masa sobre una superficie ligeramente enharinada y cubra con ella el pescado. Pinte la superficie con yema de huevo para glasear y espolvoree con pimienta. Hornee el hojaldre a 220 °C, 7 de gas, durante 15 minutos; a continuación, baje la temperatura a 180 °C, 4 de gas, y hornee durante 15-20 minutos más, hasta que la masa esté dorada.

potaje de almejas y patatas

4 raciones
tiempo de preparación
15 minutos
tiempo de cocción **30 minutos**

1 kg de **almejas frescas**
pequeñas
25 g de **mantequilla**
2 **cebollas** picadas
150 ml de **vino blanco**
1,2 l de **caldo de pescado**
o de **pollo** (*véanse* págs. 16
y 88)
½ cucharadita de **pasta de curry
medio**
¼ de cucharadita de **cúrcuma
molida**
500 g de **patatas harinosas**
cortadas en dados
150 g de **berros** sin las partes
duras de los tallos
nuez moscada recién molida,
en abundancia
un chorrito de **zumo de limón**
sal y pimienta

Lave y revise las almejas; deseche las que tengan la concha dañada y las que no se cierren al tocarlas. Resérvelas en un cuenco.

Funda la mantequilla en una olla y sofría las cebollas durante 6-8 minutos. Añada el vino y lleve a ebullición. Incorpore las almejas y cubra la olla con una tapa. Hágalas durante 5 minutos o hasta que todas las almejas se hayan abierto; agite la olla varias veces durante la cocción.

Cuando todas las conchas estén abiertas, retire la olla del fuego y cuele los jugos. Cuando las almejas se enfríen un poco, retire las conchas. Reserve las almejas y vuelva a poner los jugos en la olla.

Añada el caldo, la pasta de curry, la cúrcuma y las patatas, y lleve a ebullición. Baje el fuego, tape y deje cocer durante 10-15 minutos, hasta que las patatas estén tiernas.

Vuelva a poner las almejas en la olla con los berros, la nuez moscada y el zumo de limón y caliente todo durante 2 minutos. Utilice la batidora para mezclar ligeramente el potaje, pero sin llegar a convertirlo en puré. Salpimiente al gusto.

Para preparar potaje de mejillones, espinacas y patatas, sustituya las almejas por la misma cantidad de mejillones y los berros por la misma cantidad de espinacas baby.

pescado al horno al vapor con verduras

2 raciones
tiempo de preparación
15 minutos
tiempo de cocción **25 minutos**

15 g de **raíz fresca de jengibre**
¼ de cucharadita de **chile**
seco desmenuzado
1 **diente de ajo** en láminas
muy finas
2 cucharadas de **vinagre**
de vino de arroz
2 **filetes de bacalao**
de 150-200 g cada uno,
sin piel
150 ml de **caldo de pescado**
caliente (*véase* pág. 88)
½ **pepino**
2 cucharadas de **salsa de soja**
ligera
2 cucharadas de **salsa de ostras**
1 cucharada de **azúcar extrafino**
½ manojo de **cebolletas**
cortadas en trozos de 2,5 cm
25 g de **cilantro fresco** picado
200 g de **arroz cocido**

Pele y corte el jengibre en láminas muy finas, y éstas por la mitad, y mézclalas con el chile, el ajo y 1 cucharadita de vinagre. Aderece con esta mezcla el bacalao, frotándolo con cuidado.

Engrase ligeramente una rejilla y colóquela sobre una fuente de horno pequeña. Ponga el caldo en la fuente y coloque los filetes de bacalao en la rejilla. Tápelos con papel de aluminio y hornéelos a 180 °C, 4 de gas, durante unos 20 minutos o hasta que estén hechos.

Mientras tanto, pele el pepino, córtelo por la mitad, retire las semillas y píquelo en trozos pequeños. Mezcle la salsa de soja, la salsa de ostras, el azúcar y el resto del vinagre en un cuenco.

Retire el pescado del horno y manténgalo caliente. Reserve los jugos de la fuente. Ponga el pepino, las cebolletas, el cilantro y el arroz en la fuente y caliente todo durante 5 minutos, remueva de vez en cuando para que el arroz se humedezca con los jugos.

Sirva la mezcla de arroz y coloque encima el pescado con la salsa.

Para preparar pollo al horno al vapor con verduras,

sustituya el pescado por 4 pechugas de pollo pequeñas sin piel. Utilice caldo de pollo (*véase* pág. 16) en lugar de caldo de pescado. Realice varios cortes profundos en la carne y hágala como se indica en el segundo paso, pero durante 30-40 minutos. Sustituya la salsa de ostras por la misma cantidad de salsa hoisin.

bacalao salado con patatas

4 raciones
tiempo de preparación
  15 minutos, más tiempo
  de remojado
tiempo de cocción **35 minutos**

500 g de **bacalao salado**
4 cucharadas de **aceite de oliva**
1 **cebolla** muy picada
3 **dientes de ajo** aplastados
600 ml de **caldo de pescado**
  (*véase* pág. 88)
½ cucharadita de **azafrán**
  en hebras
750 g de **patatas harinosas**
  cortadas en trozos pequeños
500 g de **tomates cherry**
  troceados
4 cucharadas de **perejil** picado
sal y pimienta

Ponga el bacalao salado en un recipiente, cúbralo con abundante agua fría y déjelo en remojo durante uno o dos días. Cambie el agua dos veces al día. Escurra el bacalao y córtelo en trozos pequeños; retire la piel y las espinas que encuentre.

Caliente el aceite en una olla grande y sofría la cebolla durante 5 minutos, hasta que esté tierna. Añada el ajo y sofría 1 minuto más. Agregue el caldo y desmenuce las hebras de azafrán. Lleve a ebullición, baje el fuego y deje cocer.

Incorpore el bacalao y las patatas a la olla y tápela. Deje cocer a fuego lento durante unos 20 minutos, hasta que el pescado y las patatas estén muy tiernos.

Añada los tomates y el perejil y deje cocer 5 minutos más. Salpimiente al gusto (es posible que no necesite añadir sal; dependerá de lo salado que esté el bacalao). Sirva en platos hondos y acompañe con pan caliente.

Para preparar trucha ahumada con patatas, sustituya el bacalao por 300 g de trucha ahumada. Córtela en trozos, pero no la ponga en remojo. Incorpórela a la olla cuando las patatas estén cocidas, junto a 2 cucharadas de alcaparras (aclaradas y escurridas) y 2 cucharaditas de granos de pimienta verde en conserva (aclarados, escurridos y machacados).

sopa picante y agria

4 raciones
tiempo de preparación
10 minutos
tiempo de cocción **10 minutos**

600 ml de **caldo de pescado**
(*véase* pág. 88)
4 **hojas de lima kaffir**
4 rodajas de **raíz fresca
de jengibre**
1 **chile rojo** sin semillas,
cortado en láminas
1 **tallo de citronela**
125 g de **champiñones**
fileteados
100 g de **fideos de arroz secos**
75 g de **espinacas baby**
125 g de **langostinos tigre
cocidos y pelados**
2 cucharadas de **zumo de limón**
pimienta

Ponga el caldo, las hojas de lima, el jengibre, el chile y la citronela en una olla. Tape y lleve a ebullición. Añada los champiñones, baje el fuego y deje cocer 2 minutos.

Rompa los fideos en trozos pequeños, póngalos en la olla y deje cocer 3 minutos. Añada las espinacas y los langostinos y continúe con la cocción 2 minutos más. Agregue el zumo de limón. Retire la citronela y aderece con pimienta antes de servir.

Para preparar pan integral con bicarbonato para acompañar, mezcle 250 g de harina, 1 cucharadita de bicarbonato, 2 cucharaditas de crémor tártaro y 2 cucharaditas de sal en un cuenco grande. Añada 375 g de harina integral, 300 ml de leche y 4 cucharadas de agua y mezcle hasta formar una masa suave. Póngala sobre una superficie enharinada, amásela unos minutos y forme un círculo de unos 5 cm de grosor. Póngalo en una fuente de horno enharinada, realice un corte profundo en la superficie y espolvoree con harina. Hornee a 220 °C, 7 de gas, durante 25-30 minutos.

vichyssoise de caballa y sidra

3-4 raciones como plato principal, 8 raciones como entrante
tiempo de preparación **15 minutos**
tiempo de cocción **30 minutos**

625 g de **puerros**
50 g de mantequilla
625 g de **patatas nuevas** cortadas en dados
600 ml de **sidra fuerte**
600 ml de **caldo de pescado** (*véase* pág. 88)
2 cucharaditas de **mostaza de Dijon**
300 g de **filetes de caballa ahumada**
5 cucharadas de **cebollinos** picados
nuez moscada recién rallada en abundancia
200 g de *crème fraîche*
sal y pimienta
ramitas de cebollino para decorar

Pele los puerros y trocéelos; separe las partes blancas de las verdes. Funda la mantequilla en una olla grande y sofría las partes blancas del puerro y la mitad de las verdes durante 5 minutos. Añada las patatas y a continuación la sidra, el caldo y la mostaza y lleve casi a ebullición. Baje el fuego y deje cocer durante 20 minutos, hasta que las patatas estén hechas pero firmes.

Desmenuce la caballa en trozos pequeños; retire la piel y las espinas que pudiesen quedar. Incorpórela a la olla con los cebollinos picados, la nuez moscada y el resto de los puerros. Deje cocer a fuego lento durante 5 minutos.

Incorpore la mitad de la nata y salpimiente al gusto. Sirva en cuencos y decore con el resto de la nata y ramitas de cebollino.

Para preparar *vichyssoise* **de trucha y vino blanco,** sustituya la sidra por 300 ml de vino blanco seco y añada 300 ml más de caldo de pescado. En lugar de caballa, utilice 500 g de trucha fresca sin piel ni espinas; desmenúcela y prepárela como se indica en la receta. Sustituya la *crème fraîche* por 150 g de nata líquida.

carnes

cordero con alcachofas y gremolata

4 raciones
tiempo de preparación
  20 minutos
tiempo de cocción **25 minutos**

500 g de **carne de cuello
  de cordero**
2 cucharaditas de **harina**
1 **cebolla** muy picada
1 **ramita de apio** en rodajas finas
150 ml de **caldo de pollo
  o vegetal** (*véanse* págs. 16
  y 190)
2 **dientes de ajo** muy picados
ralladura muy fina de 1 **limón**
4 cucharadas de **perejil** picado
150 g de **alcachofas asadas**,
  ya preparadas o hechas
  en casa, en lonchas finas
4 cucharadas de **nata**
sal y pimienta

Retire la grasa que pueda tener el cordero y corte la carne
en lonchas finas. Salpimiente la harina y cubra con ella
el cordero. Caliente la mitad del aceite en una sartén grande
y fría el cordero por tandas hasta que esté dorado. Reserve.

Sofría la cebolla y el apio en el resto del aceite, durante
5 minutos o hasta que estén tiernos. Vuelva a poner el cordero
en la sartén y añada el caldo. Lleve a ebullición, baje el fuego
y deje cocer durante 8 minutos, hasta que la carne esté tierna.

Mientras tanto, prepare la gremolata mezclando el ajo,
la ralladura de limón y el perejil.

Incorpore a la olla las alcachofas y la nata y caliente durante
2 minutos. Compruebe de sal y sirva con la gremolata por
encima.

Para preparar alcachofas asadas, escurra bien una lata
de corazones de alcachofas y corte éstos en láminas. Rocíe
con aceite de oliva, espolvoree con orégano seco, salpimiente
y áselas a 200 °C, 6 de gas, durante 20-25 minutos.

cordero marroquí

2 raciones
tiempo de preparación
15 minutos, más tiempo
de adobado
tiempo de cocción **1 hora
y 30 minutos**

1 cucharadita de **jengibre
molido**
1 cucharadita de **comino molido**
1 cucharadita de **pimentón
molido**
1 ramita de canela
50 ml de **zumo de naranja**
250 g de **cordero magro**
cortado en dados de 5 cm
125 g de **cebollitas** o **chalotas**
sin pelar
1 cucharada de **aceite de oliva**
1 **diente de ajo** aplastado
2 cucharaditas de **harina**
2 cucharaditas de **puré
de tomate**
125 ml de **caldo de cordero**
(*véase* pág. 140)
3 cucharadas de **jerez**
50 g de **albaricoques secos**
300 g de **garbanzos cocidos**,
aclarados y escurridos
sal y pimienta

Ponga las especias en un cuenco grande y añada el zumo
de naranja. Incorpore el cordero y mezcle bien; a continuación,
tápelo y déjelo reposar en un lugar fresco durante al menos
una hora, o preferiblemente toda la noche en la nevera.

Ponga las cebollas o las chalotas en un recipiente resistente
al calor y cúbralas con agua hirviendo. Déjelas reposar
2 minutos. Cuele y refresque las cebollas bajo el chorro
de agua fría y después pélelas.

Caliente el aceite en una cazuela refractaria grande. Retire
el cordero del adobo y séquelo con papel de cocina. Dórelo
a fuego fuerte. Retírelo con una espumadera y resérvelo.
Baje un poco el fuego y añada un poco más de aceite si
es necesario. Incorpore las cebollas o las chalotas y el ajo
y sofría durante 3 minutos o hasta que empiecen a tomar
color. Vuelva a poner la carne en la cazuela y añada la harina
y el puré de tomate. Caliente durante 1 minuto.

Añada el adobo a la cazuela con el caldo, el jerez, sal
y pimienta. Lleve a ebullición, baje el fuego, tape y hornee
a 180 °C, 4 de gas, durante 1 hora. Añada los albaricoques
y los garbanzos y continúe con la cocción 15 minutos
más. Sirva con cuscús preparado siguiendo las instrucciones
del paquete.

Para preparar pollo marroquí, sustituya el cordero
por la misma cantidad de pollo y siga la receta. Cambie
los albaricoques por la misma cantidad de uvas pasas.

albóndigas con tomate

4 raciones
tiempo de preparación
25 minutos
tiempo de cocción **30 minutos**

500 g de **ternera magra picada**
3 **dientes de ajo** aplastados
2 **cebollas pequeñas**
   muy picadas
25 g de **pan rallado**
40 g de **queso parmesano**
   recién rallado
6 cucharadas de **aceite de oliva**
100 ml de **vino tinto**
2 latas de 400 g de **tomates**
   troceados
1 cucharadita de **azúcar**
   extrafino
3 cucharadas de **pasta**
   de tomates secos
75 g de **olivas negras italianas**
   sin hueso, picadas
4 cucharadas de **orégano**
   picado
125 g de **mozzarella** en rodajas
   finas
sal y pimienta

Ponga la ternera en un cuenco con la mitad del ajo y la mitad de la cebolla, el pan rallado y 25 g de parmesano. Salpimiente y mezcle bien los ingredientes con las manos. Forme albóndigas pequeñas, de unos 2,5 cm de diámetro.

Caliente la mitad del aceite en una sartén grande y fría las albóndigas, remueva la sartén con frecuencia, durante unos 10 minutos o hasta que estén doradas. Póngalas a escurrir.

Añada el resto del aceite y la cebolla y sofríala hasta que esté tierna. Incorpore el vino y deje que la mezcla borbotee hasta que el vino casi se evapore. Agregue el resto del ajo, los tomates, el azúcar, la pasta de tomate y un poco de sal y pimienta. Lleve a ebullición y deje que la mezcla espese un poco.

Incorpore las olivas, el orégano (reserve 1 cucharada) y las albóndigas. Caliente a fuego lento durante 5 minutos más.

Distribuya las rodajas de mozzarella sobre la sartén y espolvoree con el resto del orégano y el parmesano. Añada pimienta negra y caliente en el grill hasta que el queso empiece a fundirse. Sirva en platos hondos con pan caliente y crujiente.

Para preparar albóndigas al estilo griego, utilice 500 g de cordero magro picado en lugar de ternera. Sustituya las olivas por 50 g de piñones. Antes de añadirlos a la sartén, en el cuarto paso, tuéstelos en una sartén pequeña, a fuego medio, sin dejar de remover, durante 3-5 minutos o hasta que empiecen a dorarse.

cazuela de salchichas con especias

2 raciones
tiempo de preparación
15 minutos
tiempo de cocción **35 minutos**

3 cucharadas de **aceite de oliva**
1 **cebolla roja** muy picada
1 **diente de ajo** aplastado
1 **pimiento rojo** sin semillas,
  picado
2 **ramas de apio** picadas
200 g de **tomates troceados**
  en conserva
125 ml de **caldo de pollo**
  (*véase* pág. 16)
2 cucharaditas de **salsa de soja**
  oscura
1 cucharadita de **mostaza**
  de Dijon
400 g de **alubias negras**
  aclaradas y escurridas
125 g de **salchichas de cerdo**
  ahumadas, picadas
50 g de **pan rallado fresco**
25 g de **queso parmesano**
  recién rallado
2 cucharadas de **perejil** picado

Caliente 1 cucharada de aceite en una sartén. Añada
la cebolla, el ajo, el pimiento rojo y el apio y sofría a fuego
suave, remueva de vez en cuando, durante 3-4 minutos.

Añada los tomates, el caldo y la salsa de soja. Lleve
a ebullición, baje el fuego y deje cocer durante 15 minutos,
o hasta que la salsa empiece a espesar. Añada la mostaza,
las alubias y las salchichas y continúe la cocción durante
10 minutos más.

Mezcle el pan rallado, el parmesano y el perejil y reparta
la mezcla sobre las salchichas. Rocíe con el resto del aceite.
Hornee bajo el grill, no muy fuerte, durante 2-3 minutos
o hasta que se dore la superficie.

Para preparar ensalada de hojas variadas y granada
para acompañar, ponga 1 cucharada y media de vinagre
de frambuesa y 1 cucharada de aceite de oliva con un
poco de sal y pimienta en un cuenco para ensalada. Corte
media granada en piezas grandes y doble la piel para soltar
las semillas en el cuenco. Corte 50 g de hojas variadas
para ensalada en trozos pequeños e incorpórelas al cuenco.
Remueva todos los ingredientes para mezclarlos bien con
el aliño.

estofado de ternera, calabaza y jengibre

6 raciones
tiempo de preparación
20 minutos
tiempo de cocción **1 hora
y 30 minutos**

2 cucharadas de **harina**
750 g de **carne magra
de ternera** para guisar
cortada en dados
25 g de **mantequilla**
3 cucharadas de **aceite**
1 **cebolla** picada
2 **zanahorias** en rodajas
2 **chirivías** en rodajas
3 **hojas de laurel**
varias **ramitas de tomillo**
2 cucharadas de **puré
de tomate**
625 g de **calabaza** pelada,
sin semillas y cortada en
trozos pequeños
1 cucharada de **azúcar moreno
mascabado**
50 g de **raíz fresca de jengibre**
muy picada
un manojo pequeño de **perejil**,
picado, y un poco más para
decorar
sal y pimienta

Salpimiente la harina y reboce con ella la ternera. Funda la mantequilla con el aceite en una cazuela grande y dore la carne en dos tandas. Retírela con una espumadera.

Añada la cebolla, las zanahorias y las chirivías a la cazuela y sofría a fuego suave durante 5 minutos.

Vuelva a poner la carne en la cazuela y añada las hierbas y el puré de tomate. Añada suficiente agua para cubrir los ingredientes y lleve a ebullición lentamente. Baje el fuego al mínimo, tape la cazuela y deje cocer durante 45 minutos.

Incorpore la calabaza, el azúcar, el jengibre y el perejil y deje cocer 30 minutos más o hasta que la calabaza y la carne estén tiernas. Compruebe de sal y sirva con perejil.

Para preparar estofado de ternera, boniatos y rábano picante, sustituya la calabaza por 500 g de boniatos troceados y preparados como se indica en la receta. Cambie el jengibre por 3 cucharadas de salsa de rábano picante.

hamburguesas asiáticas de cordero

4 raciones
tiempo de preparación
20 minutos
tiempo de cocción **30 minutos**

2 **dientes de ajo** aplastados
1 **tallo de citronela** muy picado
25 g de **raíz fresca de jengibre** rallada
un puñado de **cilantro fresco** picado
1 **chile picante** sin semillas, en láminas muy finas
500 g de **carne picada de cordero**
2 cucharadas de **aceite**
1 **pepino** pequeño
1 manojo de **cebolletas**
200 g de *pak choi*
3 cucharadas de **azúcar mascabado claro**
ralladura muy fina de 2 **limas**, más 4 cucharadas de **zumo**
2 cucharadas de **salsa de pescado**
50 g de **cacahuetes tostados**
sal

Mezcle el ajo, la citronela, el jengibre, el cilantro, el chile y un poco de sal con un robot de cocina hasta obtener una pasta espesa. Añada el cordero y mézclelo. Ponga la carne sobre una superficie de trabajo y divídala en cuatro piezas. Forme bolas y después aplástelas para darles forma de hamburguesa.

Caliente el aceite en una fuente para asar resistente y dore las hamburguesas por ambos lados. Pase la fuente al horno y deje que se hagan las hamburguesas sin tapar a 200 °C, 6 de gas, durante 25 minutos o hasta que estén listas por dentro.

Mientras tanto, pele el pepino y córtelo por la mitad a lo largo. Retire las semillas con una cuchara pequeña y deséchelas. Corte las mitades en rodajas finas en diagonal. Haga lo mismo con las cebolletas. Trocee la *pak choi* y mantenga las partes blancas separadas de las verdes.

Con un cucharón metálico, retire casi toda la grasa de la fuente (deje 2 cucharadas). Distribuya las verduras, excepto las partes verdes de la pak choi, alrededor de la carne y mézclelas con los jugos de la fuente. Hornee sin tapar durante 5 minutos más.

Mezcle el azúcar, la ralladura y el zumo de lima y la salsa de pescado. Reparta las partes verdes de la *pak choi* y los cacahuetes en la fuente y adérece con la mitad del aliño. Mezcle con cuidado los ingredientes de la ensalada. Emplate y rocíe con el resto del aliño.

Para preparar hamburguesas de pollo, utilice carne picada de pollo en lugar del cordero. Sustituya la *pak choi* por verduras de hoja troceadas, y los cacahuetes, por anacardos salados.

cordero a la griega con tostadas con *tzatziki*

4 raciones
tiempo de preparación
15 minutos
tiempo de cocción **1 hora
y 30 minutos**

750 g de **chuletas de cordero**
2 cucharaditas de **orégano seco**
3 **dientes de ajo** aplastados
4 cucharadas de **aceite de oliva**
1 **berenjena** mediana, de unos
   300 g, cortada en dados
2 **cebollas rojas** en juliana
200 ml de **vino blanco** o **tinto**
400 g de **tomates troceados**
   en lata
2 cucharadas de **miel ligera**
8 **olivas Kalamata**
8 rebanadas finas de **baguet**
200 g de *tzatziki*
sal y pimienta

Corte el cordero en trozos grandes y retire la grasa. Mezcle el orégano con el ajo y un poco de sal y pimienta y frote la carne con esta mezcla.

Caliente la mitad del aceite en una olla o una sartén grande y dore el cordero por tandas. Ponga a escurrir la carne en un plato.

Añada la berenjena con las cebollas y el resto del aceite y hágalas a fuego muy suave, remueva con frecuencia, durante unos 10 minutos o hasta que la verdura esté tierna y tome un poco de color. Vuelva a poner la carne en la olla o la sartén con el vino, los tomates, la miel, las olivas, sal y pimienta. Tape y deje cocer al mínimo de fuego durante 1 hora y 15 minutos o hasta que el cordero esté muy tierno. Tueste ligeramente el pan y reparta la salsa *tzatziki* por encima.

Compruebe de sal el estofado y sírvalo en platos hondos con las tostadas a un lado.

Para preparar *tzatziki* **casero**, ralle una pieza de pepino pelado de unos 5 cm y séquelo con varias capas de papel de cocina. Mézclelo en un cuenco con 200 g de yogur natural, 1 cucharada de menta muy picada, 1 diente de ajo aplastado, sal y pimienta.

estofado de ternera y *ale*

5-6 raciones
tiempo de preparación
  20 minutos
tiempo de cocción **1 hora**
  y 30 minutos

2 cucharadas de **harina**
1 kg de **carne de ternera**
  para estofado
25 g de **mantequilla**
1 cucharada de **aceite**
2 **cebollas** picadas
2 **ramas de apio** en rodajas
varias **ramitas de tomillo**
 2 **hojas de laurel**
400 ml de *ale* **fuerte** (cerveza)
300 ml de **caldo de ternera**
  (*véase* pág. 138)
2 cucharadas de **melaza negra**
500 g de **chirivías** peladas
  y cortadas en cuñas
sal y pimienta

Salpimiente la harina y reboce la carne. Funda la mantequilla con el aceite en una cazuela refractaria grande y dore la carne por tandas. Ponga la carne a escurrir mientras se hace la siguiente tanda.

Añada las cebollas y el apio y sofría a fuego suave durante 5 minutos. Vuelva a poner la carne en la cazuela y añada las hierbas, la cerveza, el caldo y la melaza. Lleve a ebullición, baje inmediatamente el fuego y tape la cazuela. Hornee a 160 °C, 3 de gas, durante 1 hora.

Incorpore las chirivías y hornee durante 30 minutos más o hasta que la carne y las chirivías estén tiernas. Compruebe de sal y sirva.

Para preparar puré de patatas para acompañar, cueza 1,5 kg de patatas limpias en una olla grande con agua salada durante 20 minutos. Pélelas, vuelva a ponerlas en la olla y aplástelas. Añada 150 ml de leche, 3 o 4 cebolletas muy picadas y 50 g de mantequilla. Salpimiente y sirva.

calabacines rellenos de chile y panceta

4 raciones
tiempo de preparación
20 minutos
tiempo de cocción **45 minutos**

150 g de **chapata**
100 g de **piñones**
1,25 kg de **calabacines grandes**
50 g de **mantequilla**
4 cucharadas de **aceite de oliva**
75 g de **panceta** cortada en dados
3 **dientes de ajo** aplastados
1 **chile rojo suave**, sin semillas y laminado
½ cucharadita de **pimentón picante ahumado**
2 cucharaditas de **hojas de tomillo**
un puñadito de **perejil rizado** picado
sal

Desmenuce la chapata en trozos pequeños y distribúyala en una fuente de horno, sobre papel de aluminio. Añada los piñones y tueste todo ligeramente.

Pele los calabacines y córtelos en 4 trozos más o menos iguales (descarte los extremos). Con una cuchara de postre, extraiga las semillas y deje una base fina en cada pieza.

Funda la mantequilla con 2 cucharadas de aceite en una fuente de horno pequeña y saltee la panceta durante unos 5 minutos, hasta que empiece a tostarse. Añada el ajo, el chile y el pimentón y caliente 1 minuto más. Páselo todo a un cuenco grande y deje un poco de aceite en la fuente.

Fuera del fuego, ponga las piezas de calabacín en la fuente e imprégnelas en el aceite. Colóquelas con la parte abierta hacia arriba y pinte el centro con el aceite de la fuente. Espolvoree con sal y hornee a 200 °C, 6 de gas, durante 25 minutos o hasta que estén tiernos.

Mezcle los piñones y la chapata con la panceta y las hierbas y reparta la mezcla entre las piezas de calabacín. Rocíe con el resto del aceite y hornee durante 15 minutos más.

Para preparar calabaza rellena de tomates secos, sustituya la panceta por 50 g de tomates secos muy picados y prepárelos del mismo modo. Cambie los calabacines por calabazas pequeñas de ración. Corte la parte superior y retire las semillas. Pinte con el aceite especiado por los lados y hornee durante 50 minutos o hasta que estén tiernas.

chile con carne

2 raciones
tiempo de preparación
15 minutos
tiempo de cocción **45 minutos**

2 cucharadas de **aceite de oliva**
1 **cebolla roja** muy picada
3 **dientes de ajo** muy picados
250 g de **carne magra
de ternera picada**
½ cucharadita de **comino
molido**
1 **pimiento rojo** pequeño, sin
semillas y cortado en dados
400 g de **tomates troceados** en
conserva
1 cucharada de **puré de tomate**
2 cucharaditas de **chile suave
molido**
200 ml de **caldo de ternera**
400 g de **alubias rojas**
aclaradas y escurridas
sal y pimienta

Caliente el aceite en una olla. Añada la cebolla y el ajo, y sofría durante 5 minutos. Incorpore la carne picada y el comino y sofría durante 5-6 minutos más, o hasta que la carne esté dorada.

Incorpore el pimiento, los tomates, el puré de tomate, el chile y el caldo y lleve a ebullición. Baje el fuego y deje cocer lentamente durante 30 minutos.

Añada las alubias y deje cocer 5 minutos más. Salpimiente al gusto y sirva con arroz integral hervido siguiendo las instrucciones del paquete.

Para preparar caldo casero de ternera, ponga 750 g de huesos de ternera crudos o cocidos en una olla grande, con fondo grueso, con una cebolla grande, sin pelar, cortada por la mitad; 2 zanahorias y 2 ramas de apio troceadas; 1 cucharadita de pimienta en grano, varias hojas de laurel y ramitas de tomillo. Cubra con agua fría y lleve a ebullición. Baje el fuego al mínimo y deje cocer sin tapar durante 3 o 4 horas. Cuele el caldo y déjelo enfriar. Puede guardarlo hasta una semana en la nevera o congelarlo.

pilaf de cordero y arroz rojo

3-4 raciones
tiempo de preparación
20 minutos
tiempo de cocción **1 hora
y 10 minutos**

2 cucharaditas de **semillas
de comino**
2 cucharaditas de **semillas
de cilantro**
10 **vainas de cardamomo**
3 cucharadas de **aceite de oliva**
500 g de **carne de espalda
de cordero** cortada en dados
2 **cebollas rojas** en juliana
25 g de **raíz fresca de jengibre**
rallada
2 **dientes de ajo** aplastados
½ cucharadita de **cúrcuma
molida**
200 g de **arroz rojo**
600 ml de **caldo de cordero**
o de **pollo** (*véase* pág. 16)
40 g de **piñones**
75 g de **albaricoques secos**
fileteados
50 g de **roqueta**
sal y pimienta

Muela el comino, el cilantro y el cardamomo con un mortero; las vainas de cardamomo deben abrirse para dejar salir las semillas. Retire las cáscaras.

Caliente el aceite en una fuente para horno pequeña y resistente y saltee las especias durante 30 segundos. Añada el cordero y las cebollas y remueva. Hornee a 180 °C, 4 de gas, durante 40 minutos o hasta que el cordero y las cebollas se doren.

Retire la fuente del horno y póngala de nuevo en el fuego. Añada el jengibre, el ajo, la cúrcuma y el arroz. Incorpore el caldo y lleve a ebullición. Cubra con una tapa o con papel de aluminio y deje cocer con el fuego al mínimo durante unos 30 minutos, hasta que el arroz esté tierno y haya absorbido el caldo.

Añada los piñones y los albaricoques y salpimiente al gusto. Adorne con la roqueta y remueva con cuidado. Sirva inmediatamente.

Para preparar caldo casero de cordero, ponga 750 g de huesos de cordero asados y otras sobras en una olla grande con el fondo grueso; añada 1 cebolla grande troceada, 2 zanahorias grandes y 2 ramas de apio en rodajas grandes, 1 cucharadita de pimienta negra en grano y varias hojas de laurel y ramitas de tomillo. Cubra con agua fría y lleve a ebullición poco a poco. Baje el fuego y deje cocer durante 3 horas, espumando la superficie si es necesario. Cuele el caldo y déjelo enfriar. Puede guardarlo hasta una semana en la nevera o congelarlo.

alubias de Boston con carne

4-6 raciones
tiempo de preparación
15 minutos, más tiempo
de remojado
tiempo de cocción **2 horas**

300 g de **alubias blancas**
15 g de **mantequilla**
200 g de **beicon ahumado**
375 g de **carne magra de cerdo**
cortada en dados
1 **cebolla** picada
1 cucharada de **tomillo**
o **romero** picados
400 g de **tomates troceados**
en conserva
3 cucharadas de **melaza negra**
2 cucharadas de **puré**
de tomate
2 cucharadas de **mostaza**
en grano
1 cucharada de **salsa Worcester**
sal y pimienta

Ponga las alubias en un recipiente, cúbralas con agua fría
y déjelas en remojo toda la noche.

Escurra las alubias y póngalas en una cazuela refractaria.
Cúbralas con agua y lleve a ebullición. Baje el fuego y deje
cocer muy lentamente durante 15-20 minutos, o hasta que
las alubias se hayan ablandado un poco. Haga la prueba
tomando varias alubias con un tenedor y chafándolas
suavemente; deben ceder un poco. Escurra las alubias.

Seque la cazuela y funda la mantequilla. Añada el beicon
y la carne y fría a fuego suave durante 10 minutos, hasta
que empiecen a dorarse. Incorpore la cebolla y sofría
5 minutos más.

Incorpore las alubias escurridas, el tomillo o el romero y
los tomates. Añada suficiente agua para cubrir los ingredientes
y lleve a ebullición. Tape y hornee a 150 °C, 2 de gas, durante
1 hora o hasta que las alubias estén muy tiernas.

Mezcle la melaza, el puré de tomate, la mostaza y la salsa
Worcester y salpimiente. Incorpore esta salsa a las alubias
y vuelva a hornear durante 30 minutos más.

Para preparar alubias de Boston vegetarianas, sustituya
las alubias blancas por la misma cantidad de judiones. Siga
los pasos indicados para el remojo y escúrralas. Sustituya
el beicon y la carne de cerdo por 12 salchichas vegetarianas
y dórelas ligeramente antes de la cebolla, como se indica
en el tercer paso. Retírelas de la olla y resérvelas. Sofría la
cebolla y continúe la receta. Añada las salchichas vegetales
en el último paso, antes de la salsa, y hornee durante
30 minutos.

sopa de ternera y tallarines

4-6 raciones
tiempo de preparación
30 minutos
tiempo de cocción **2 horas**

1 cucharada de **aceite vegetal**
500 g de **ternera para estofar**
1,8 l de **caldo de ternera**
4 **anises estrellados**
1 **rama de canela**
1 cucharadita de **pimienta negra en grano**
4 **chalotas** en juliana fina
4 **dientes de ajo** aplastados
7 cm de **raíz de jengibre fresca** en juliana muy fina
300 g de **tallarines de arroz**
125 g de **brotes de soja**
6 **cebolletas** en juliana fina
1 puñado de **cilantro fresco**
250 g de **filetes de ternera**
2 cucharadas de **salsa de pescado**
sal y pimienta
chiles rojos picantes para decorar

para la **salsa nuoc cham**
2 **chiles rojos** picados
1 **diente de ajo** picado
1 ½ cucharadas de **azúcar extrafino**
1 cucharada de **zumo de lima**
1 cucharada de **vinagre de arroz**
3 cucharadas de **salsa de pescado**

Caliente el aceite en una olla grande y dore la ternera por todos los lados.

Añada el caldo de ternera (*véase* pág. 138), los anises, la canela, los granos de pimienta, la mitad de las chalotas, el ajo y el jengibre. Lleve a ebullición, remueva y espume. Baje el fuego, tape la olla y deje cocer durante 1 hora y 30 minutos o hasta que la ternera esté muy tierna.

Para preparar la salsa nuoc cham, muela el chile, el ajo y el azúcar con un mortero. Añada el zumo de lima, el vinagre, la salsa de pescado y 4 cucharadas de agua y mezcle bien.

Cuando la ternera esté tierna, sáquela del caldo y córtela en lonchas finas. Añada los tallarines al caldo y hágalos durante 2-3 minutos. Incorpore los brotes de soja junto con la ternera y caliente durante 1 minuto. Sirva en cuencos calientes. Reparta por encima los filetes en láminas, las cebolletas, el cilantro y el resto de cebolla o chalota. Adorne con los chiles y sirva con la salsa nuoc cham.

Para preparar sopa de tofu y tallarines, sustituya la ternera por 250 g de tofu en dados pequeños, escurrido sobre papel de cocina. Dore como se indica en la receta. Sustituya el caldo de ternera por la misma cantidad de caldo vegetal (*véase* pág. 190) y la salsa de pescado por la misma cantidad de salsa de soja. Reduzca el tiempo de cocción a 20 minutos. Añada 150 g de alubias de soja congeladas a los tallarines.

estofado de rabo de buey

4 raciones
tiempo de preparación
20 minutos
tiempo de cocción **3 horas
y 45 minutos**

2 cucharadas de **harina**
1 cucharada de **mostaza molida**
1 cucharadita de **sal de apio**
2 kg de rabo de buey
50 g de **mantequilla**
2 cucharadas de **aceite**
2 **cebollas** en juliana
3 **zanahorias grandes**
en rodajas
3 **hojas de laurel**
100 g de **puré de tomate**
100 ml de **jerez seco**
1 l de **caldo de ternera**
o **caldo vegetal** (*véanse*
págs. 138 y 190)
sal y pimienta

Mezcle la harina, la mostaza y la sal de apio en una fuente grande y cubra con la mezcla las piezas de rabo de buey. Funda la mitad de la mantequilla con 1 cucharada de aceite en una cazuela refractaria grande. Dore el buey en dos tandas y ponga a escurrir los trozos en un plato.

Añada las cebollas y las zanahorias con el resto de la mantequilla y el aceite. Sofría hasta que empiecen a dorarse. Vuelva a poner el rabo de buey en la fuente con las hojas de laurel y la harina que haya podido quedar en el plato.

Mezcle el puré de tomate, el jerez y el caldo y añada esta mezcla a la fuente. Lleve a ebullición, baje el fuego y tape.

Hornee a 150 °C, 2 de gas, durante unas 3 horas y 30 minutos o hasta que la carne quede muy tierna y se despegue del hueso. Compruebe de sal y sirva con abundante pan caliente.

Para preparar estofado de rabo de buey, hierbas y vino tinto, añada 1 chirivía cortada en trozos pequeños a las cebollas y las zanahorias en el segundo paso. Cuando vuelva a poner el rabo de buey en la fuente, añada 1 cucharadita de romero muy picado y otra de tomillo. Sustituya el jerez por la misma cantidad de vino tinto.

146

carne de cerdo y col al horno

4 raciones
tiempo de preparación
15 minutos
tiempo de cocción **40 minutos**

65 g de **mantequilla**
500 g de **salchichas de cerdo
y manzana**, sin piel
1 **cebolla** picada
2 cucharaditas de **semillas
de alcaravea**
625 g de **col de Milán**
desmenuzada
400 g de **patatas harinosas**
cortadas en dados
200 ml de **caldo de pollo**
o **caldo vegetal** (*véanse*
págs. 16 y 190)
1 cucharada de **vinagre de sidra**
sal y pimienta

Funda la mitad de la mantequilla en una cazuela refractaria poco profunda y fría las salchichas rápidamente, separando la carne con una cuchara de madera y remueva hasta que se dore.

Añada la cebolla, la alcaravea y un poco de sal y pimienta y sofría durante 5 minutos más.

Incorpore la col y las patatas y mezcle bien los ingredientes. Vierta encima el caldo y el vinagre de sidra y añada un poco más de sal y pimienta. Reparta el resto de la mantequilla y tape la cazuela.

Hornee a 160 °C, 3 de gas, durante 30 minutos, hasta que la col y las patatas estén muy tiernas. Sirva con pan integral.

Para preparar pollo y col al horno, sustituya las salchichas por 400 g de muslos de pollo deshuesados, sin piel y troceados. Fría como se indica en el primer paso. En lugar de la col de Milán, utilice la misma cantidad de col lombarda y sustituya el vinagre de sidra por 1 cucharada de vinagre de vino tinto y 2 cucharadas de miel ligera. Siga los pasos que se indican en la receta.

goulash de cerdo y remolacha

4 raciones
tiempo de preparación
30 minutos
tiempo de cocción **2 horas
y 30 minutos**

2 cucharadas de **aceite de oliva**
450 g de **carne magra de cerdo**
cortada en dados
2 **cebollas** en juliana
1 cucharadita de **pimentón
picante ahumado**
1 cucharadita de **semillas
de alcaravea**
750 g de **codillo ahumado**
3 **hojas de laurel**
1,2 l de **agua**
300 g de **remolacha** cortada
en dados
300 g de **col lombarda**
en juliana muy fina
3 cucharadas de **puré
de tomate**

Caliente el aceite en una olla grande y dore la carne de cerdo. Añada las cebollas, el pimentón y la alcaravea y sofría a fuego suave durante 5 minutos más, hasta que las cebollas adquieran color.

Añada el codillo, el laurel y el agua. Lleve a ebullición, tape y baje el fuego al mínimo. Deje cocer durante unas 2 horas, hasta que el codillo esté muy tierno y la carne se despegue fácilmente del hueso.

Ponga a escurrir el codillo en un plato y déjelo enfriar hasta que pueda manipularlo. Separe la carne del hueso, desmenúcela y póngala de nuevo en la olla; descarte la piel y los huesos.

Añada a la olla la remolacha, la col y el puré de tomate y deje cocer a fuego suave, con el recipiente tapado, durante unos 15 minutos (hasta que la remolacha y la col estén tiernas). Compruebe de sal y sirva.

Para preparar puré de nabos y zanahorias para acompañar, cueza 500 g de zanahorias en agua hirviendo durante 10 minutos. Añada 1 kg de nabos pelados y troceados. Deje cocer las verduras hasta que estén muy tiernas. Escurra bien y póngalas de nuevo en la olla. Redúzcalas a puré con 1 cucharadita de tomillo picado y 3 cucharadas de aceite de oliva.

ternera con vino y limón

5-6 raciones
tiempo de preparación
  20 minutos
tiempo de cocción **40 minutos**

2 cucharadas de **aceite de oliva**
1 kg de **ternera** cortada
  en dados
2 **cebollas** en juliana
4 **dientes de ajo** fileteados
2 **bulbos de hinojo baby**
  picados
300 ml de **vino blanco**
300 ml de **caldo de pollo**
  (*véase* pág. 16)
ralladura de medio **limón**
  en tiras largas
4 **hojas de laurel**
1 cucharada de **tomillo picado**
sal y pimienta

Caliente el aceite en una olla, a fuego fuerte, y dore la carne por tandas; retírela con una espumadera y póngala a escurrir.

Añada las cebollas y el ajo y dórelos a fuego medio. Incorpore el hinojo y sofría 3 o 4 minutos más, o hasta que esté tierno.

Vuelva a poner la ternera en la olla y añada el vino, el caldo, la ralladura de limón, las hojas de laurel y el tomillo. Lleve a ebullición.

Baje el fuego y deje cocer, con la olla tapada, durante 20-25 minutos. Salpimiente al gusto y sirva.

Para preparar arroz integral perfumado para acompañar, lave 400 g de arroz basmati integral en un colador hasta que el agua salga limpia. Ponga las semillas machacadas de 4 vainas de cardamomo, una pizca generosa de hebras de azafrán, una ramita de canela, media cucharadita de semillas de comino y 2 hojas de laurel en una cazuela refractaria y saltee las especias sin aceite a fuego medio durante 2-3 minutos. Añada 1 cucharada de aceite de oliva, y cuando esté caliente incorpore 1 cebolla picada. Sofría 10 minutos, remueva con frecuencia. Incorpore el arroz, 600 ml de agua, 2 cucharadas de zumo de limón, sal y pimienta. Lleve a ebullición, tape y deje cocer a fuego suave durante 15 minutos o hasta que el agua se haya absorbido (añada un poco más si el arroz se seca antes de estar listo). Deje reposar unos minutos antes de servir.

cordero a las especias con puré de habas

2-3 raciones

tiempo de preparación
20 minutos, más tiempo
de reposado

tiempo de cocción **50 minutos**

2 **patatas** grandes para asar,
cortadas en dados de 1,5 cm

4 cucharadas de **aceite de oliva**

40 g de **pan rallado**

1 **diente de ajo** aplastado

2 cucharadas de **cilantro fresco**

1 cucharadita de **cilantro molido**

1 cucharadita de **comino molido**

1 **yema de huevo**

1 **costillar de cordero**,
cortado en piezas

4 **níscalos**

150 g de **habas baby**
congeladas

1 cucharada de **menta** picada

100 ml de **vino blanco**

sal y pimienta

Mezcle las patatas con 2 cucharadas de aceite, sal y pimienta en una fuente de horno pequeña y resistente. Hornee a 200 °C, 6 de gas, durante 15 minutos.

Mezcle el pan rallado, el ajo, el cilantro fresco, las especias, sal y pimienta. Retire la zona más grasa de la parte de la piel del cordero. Pinte la carne con la yema de huevo y reparta por encima la mezcla de pan rallado, presionando suavemente con el envés de la cuchara. Pinte los níscalos con el resto del aceite y salpimiente ligeramente.

Dé la vuelta a las patatas y añada el cordero con la parte del rebozado hacia arriba. Hornee durante 30 minutos (las costillas todavía estarán ligeramente rosadas por dentro después de este tiempo; prolongue el horneado un poco más si las prefiere bien hechas). Cuando lleve 15 minutos de cocción, dé la vuelta a las patatas y añada los níscalos. Continúe con el horneado.

Reserve la carne en una tabla. Tápela con papel de aluminio y déjela reposar 15 minutos. Pase las patatas y los níscalos a una fuente de servir caliente.

Añada las habas, la menta y el vino a la fuente de horno y saltee a fuego suave durante 5 minutos, hasta que las habas estén tiernas. Redúzcalas a puré con la batidora o con un robot de cocina. Compruebe de sal y sírvalo en platos calientes. Corte el cordero en chuletas y sírvalo en los platos con las setas y las patatas.

ternera con pesto de nueces

6 raciones
tiempo de preparación
20 minutos, más tiempo
de reposado
tiempo de cocción **1 hora**
y 40 minutos

150 g de **nueces peladas**
2 **dientes de ajo** picados
50 g de **anchoas** en conserva
2 cucharadas de **salsa**
de rábano picante
25 g de **perejil** picado
2 cucharadas de **aceite de oliva**
1,5 kg de **redondo de ternera**
1 **cebolla** grande muy picada
2 **ramas de apio** picadas
300 ml de **vino tinto**
150 ml de **caldo de ternera**
(*véase* pág. 138)
4 **zanahorias** cortadas
en rodajas gruesas
300 g de **nabos baby**
500 g de **patatas nuevas**
200 g de **judías verdes**
sal y pimienta
perejil picado para decorar

Ponga las nueces en un robot de cocina o una batidora con el ajo, las anchoas y su aceite, la salsa de rábano, el perejil, 1 cucharada de aceite y abundante pimienta negra. Mezcle hasta obtener una pasta espesa.

Desate el redondo de ternera y ábralo ligeramente. Si la carne ya tiene un corte, hágalo más profundo para introducir el relleno. Si se trata de una pieza de carne perfectamente redonda, realice un corte profundo. Cuando ya haya colocado el relleno, cierre el redondo y átelo (realice nudos a intervalos de 2,5 cm). Seque la carne con un papel de cocina y salpimiente.

Caliente el resto del aceite en una cazuela refractaria y dore la carne por todos los lados. Póngala a escurrir en un plato.

Añada la cebolla y el apio a la cazuela y sofría a fuego suave durante 5 minutos. Vuelva a poner la carne en la cazuela y agregue el vino y el caldo. Incorpore las zanahorias y los nabos. Lleve a ebullición, tape y hornee a 160 °C, 3 de gas, durante 30 minutos.

Reparta las patatas alrededor de la ternera y espolvoree con sal. Vuelva a poner la cazuela en el horno durante 40 minutos más, hasta que las patatas estén tiernas. Agregue las judías y hornee 20 minutos más, hasta que estén tiernas. Deje reposar 15 minutos antes de empezar a cortar la carne.

Para preparar ternera con pesto de avellanas, prescinda de las nueces y utilice la misma cantidad de avellanas. Sustituya las anchoas por 4 cucharadas de alcaparras y los nabos por nabos suecos troceados.

estofado de cordero

4 raciones
tiempo de preparación
20 minutos
tiempo de cocción **2 horas
y 15 minutos**

8 **chuletas de cordero,**
    1 kg en total
50 g de **mantequilla**
1 cucharada de **aceite**
2 cucharaditas de **romero**
    picado
4 **dientes de ajo** fileteados
2 **cebollas** en juliana
200 g de **champiñones castaña**
    cortados en mitades
1 kg de **patatas** grandes
    cortadas en rodajas muy finas
450 ml de **caldo de cordero**
    (*véase* pág. 140)
sal y pimienta

Retire el exceso de grasa del cordero y salpimiente ligeramente por ambos lados.

Funda la mitad de la mantequilla con el aceite en una cazuela refractaria poco profunda. Dore el cordero por tandas y póngalo a escurrir en un plato.

Vuelva a poner la carne en la cazuela y reparta por encima el romero y el ajo. Disponga alrededor las cebollas y los champiñones y finalmente coloque las patatas encima y riegue con el caldo.

Cubra la cazuela con una tapa o con papel de aluminio y hornee a 160 °C, 3 de gas, durante 1 hora y 30 minutos. Distribuya el resto de la mantequilla encima de las patatas, vuelva a colocar la cazuela en el horno y continúe con la cocción (sin tapar la cazuela) durante 45 minutos más o hasta que las patatas estén crujientes y doradas.

Para preparar estofado de cordero y morcilla, añada 200 g de morcilla troceada a la cazuela con las chuletas doradas. Utilice 1 cucharada de tomillo picado en lugar del romero y aderece el caldo con 2 cucharadas de salsa Worcester.

cordero con naranja y garbanzos

8 raciones
tiempo de preparación
25 minutos, más tiempo
de remojado durante
toda la noche
tiempo de cocción **2 horas**
y 30 minutos

225 g de **garbanzos** puestos
a remojar toda la noche
en agua fría
4 cucharadas de **aceite de oliva**
2 cucharaditas de **comino**
molido
1 cucharadita de **canela,**
1 de **jengibre** y 1 de **cúrcuma,**
todas molidas
½ cucharadita de **azafrán**
en hebras
1,5 kg de **espalda de cordero**
sin grasa, cortada en dados
de 2,5 cm
2 **cebollas** troceadas
3 **dientes de ajo** muy picados
2 **tomates** pelados, sin semillas
y picados
12 **olivas negras deshuesadas,**
fileteadas
ralladura de 1 **limón** limpio
ralladura de 1 **naranja** limpia
6 cucharadas de **cilantro fresco**
picado
sal y pimienta

Cuele los garbanzos y páselos por el chorro de agua fría.
Póngalos en una cazuela refractaria o en una olla grande,
cúbralos con agua y lleve a ebullición. A continuación, baje
el fuego y deje cocer (con tapa) durante 1 hora o 1 hora
y 30 minutos, hasta que los garbanzos estén tiernos.

Mientras tanto, mezcle en un cuenco grande la mitad del
aceite de oliva con el comino, la canela, el jengibre, la cúrcuma
y el azafrán. Añada media cucharadita de sal y media de
pimienta. Incorpore la carne, remueva y reserve en un lugar
fresco durante 20 minutos.

Caliente el resto del aceite en una olla. Dore el cordero
por tandas y vaya reservándolo en un plato.

Añada a la olla las cebollas y dórelas sin parar de remover.
Incorpore el ajo, los tomates y 250 ml de agua; remueva
y rasque el fondo de la olla. Vuelva a poner el cordero
en la olla y añada suficiente agua para cubrirlo. Lleve
a ebullición a fuego fuerte y retire la espuma que se forme
en la superficie. Baje el fuego, tape y deje cocer durante
1 hora o hasta que la carne esté tierna.

Cuele los garbanzos y reserve el líquido de cocción. Añada
los garbanzos al cordero con unos 250 ml del agua de cocción.
Deje cocer a fuego lento durante 30 minutos.

Incorpore las olivas y las ralladuras de limón y naranja
y deje cocer todo 30 minutos más.

Mezcle con el guiso la mitad del cilantro picado y reparta
la otra mitad por encima. Una vez frío, este plato se puede
congelar en un recipiente de plástico.

linguine con cerdo y tomate

4 raciones
tiempo de preparación
20 minutos
tiempo de cocción **40 minutos**

300 g de **pierna de cerdo**
2 cucharaditas de **pimentón
suave**
250 g de **linguine**
5 cucharadas de **aceite de oliva**
50 g de **chorizo** cortado
en dados
1 **cebolla roja** en juliana
250 g de **passata** (salsa
de tomate muy concentrada)
3 cucharadas de **pasta
de tomates secos**
½ cucharadita de **azafrán
en hebras**
750 ml de **caldo de pollo**
o **caldo vegetal** (*véanse*
págs. 16 y 190)
50 g de **guisantes frescos**
o **congelados**
3 **dientes de ajo** aplastados
4 cucharadas de **perejil** picado
ralladura muy fina de 1 **limón**
sal y pimienta

Impregne la carne de cerdo con el pimentón, sal y pimienta. Envuelva la mitad de la pasta en un paño de cocina y pásela con firmeza sobre el borde de la encimera para partir la pasta en trozos pequeños. Póngala en un cuenco y repita la operación con el resto de la pasta.

Caliente 3 cucharadas de aceite en una sartén grande y dore el cerdo, el chorizo y la cebolla a fuego muy suave durante 10 minutos.

Incorpore la *passata*, la pasta de tomate, el azafrán y el caldo y lleve a ebullición. Baje el fuego y deje cocer muy lentamente durante 15 minutos, hasta que la carne esté tierna.

Añada la pasta y remueva bien para mezclar todos los ingredientes. Deje cocer a fuego lento, remueva con frecuencia, durante 10 minutos o hasta que la pasta esté lista. Añada un poco de agua si la mezcla se seca antes de que la pasta esté cocida. Agregue los guisantes y deje cocer 3 minutos más.

Añada el ajo, el perejil, la ralladura de limón y el resto del aceite. Compruebe de sal y sirva.

Para preparar *linguine* **con pollo y tomate**, prescinda del cerdo y utilice 4 muslos de pollo deshuesados, troceados y sin piel. Mezcle el pollo con el pimentón, sal y pimienta como se indica en el primer paso. Siga el segundo paso para dorar el pollo; sustituya el chorizo por la misma cantidad de salchicha de cerdo ahumada. Utilice caldo de pollo para completar la receta.

cerdo asado con ciruelas pasas

5-6 raciones

tiempo de preparación
20 minutos, más tiempo
de reposado

tiempo de cocción **2 horas**

1 kg de redondo de **lomo
de cerdo**, deshuesado
y sin piel

25 g de **mantequilla**

1 cucharada de **aceite de oliva**

3 cucharadas de **semillas
de mostaza**

2 **cebollas** en juliana

4 **dientes de ajo** aplastados

2 **ramas de apio** en rodajas

1 cucharada de **harina**

1 cucharada de **tomillo picado**

300 ml de **vino blanco**

150 g de **ciruelas pasas
deshuesadas**, en mitades

500 g de **patatas nuevas**
por ejemplo **Jersey Royal**

2 cucharadas de **menta picada**

sal y pimienta

Frote la carne con sal y pimienta. Funda la mantequilla con el aceite en una cazuela refractaria grande y dore la carne por todos los lados. Reserve.

Añada las semillas de mostaza y las cebollas a la cazuela y sofría durante unos 5 minutos, hasta que empiecen a adquirir color. Incorpore el ajo y el apio y sofría 2 minutos más. Añada la harina, remueva y caliente todo 1 minuto más.

Agregue el tomillo, el vino, sal y pimienta y deje que la mezcla borbotee. Vuelva a poner la carne en la cazuela y tápela. Hornee a 160 °C, 3 de gas, durante 45 minutos.

Reparta las ciruelas, las patatas y la menta entre los jugos de la cocción, alrededor de la carne, y continúe horneando 1 hora más, hasta que las patatas estén muy tiernas. Deje reposar 15 minutos antes de servir.

Para preparar cerdo asado con chalotas y melocotones, utilice 4 chalotas en lugar de las cebollas del segundo paso. Prescinda de las ciruelas y añada dos melocotones frescos en láminas y 1 cucharada de miel ligera en los últimos 20 minutos del tiempo de cocción.

ternera ahumada con verduras de primavera

6 raciones

tiempo de preparación
10 minutos, más tiempo
de reposado
tiempo de cocción **2 horas
y 30 minutos**

1,75 kg de **ternera ahumada
en redondo** (de la falda
o de la nalga)
1 **cebolla**
15 **clavos enteros**
300 g de **cebollitas** o **chalotas**,
peladas y enteras
3 **hojas de laurel**
abundantes ramitas de **tomillo**
y **perejil**
½ cucharadita de **pimienta
de Jamaica**
300 g de **zanahorias** pequeñas
1 **nabo sueco** pequeño,
cortado en trozos pequeños
500 g de **patatas harinosas**
cortadas en trozos
pimienta
perejil picado para decorar

Ponga la ternera en una cazuela refractaria de un tamaño suficiente para que no quede apretada. Clave los clavos en la cebolla y póngala en la cazuela junto a las cebollitas o las chalotas, las hojas de laurel, las hierbas, la pimienta de Jamaica y abundante pimienta.

Añada el agua justa para cubrir la ternera y lleve a ebullición poco a poco. Tape la cazuela y hornee a 120 °C, ½ de gas, durante 2 horas y 30 minutos o hasta que la carne esté tierna. Añada las zanahorias, el nabo y las patatas cuando la carne lleve 1 hora en el horno. Deje reposar 15 minutos antes de cortarla.

Ponga la carne en una bandeja o una tabla. Córtela en lonchas y sírvala en platos calientes junto a las verduras. Espolvoree con perejil y sirva con una taza de los jugos de cocción para regar el plato.

Para preparar buñuelos de hierbas para acompañar, mezcle 50 g de mantequilla en dados con 125 g de harina con levadura hasta que la mezcla parezca pan rallado. Añada 2 cucharadas de perejil de hoja plana muy picado y media cucharadita de tomillo seco; salpimiente. Mezcle con 1 huevo batido y añada un poco de agua para obtener una masa pegajosa. Con una cuchara, forme buñuelos pequeños y añádalos a la cazuela cuando esté lista. Póngala al fuego y deje que borbotee; tápela y deje cocer 15-20 minutos, hasta que los buñuelos estén listos.

estofado cremoso de cerdo y sidra

4 raciones
tiempo de preparación
   25 minutos
tiempo de cocción **1 hora
   y 30 minutos**

625 g de **pierna de cerdo**
   magra y deshuesada
2 cucharaditas de **harina**
25 g de **mantequilla**
1 cucharada de **aceite**
1 **cebolla** pequeña, picada
1 **puerro** grande, picado
450 ml de **sidra**
1 cucharada de **salvia** picada
2 cucharadas de **mostaza
   en grano**
100 ml de *crème fraîche*
2 **peras** peladas y cortadas
   en lonchas finas
450 g de **boniatos** limpios
   y cortados en rodajas finas
2 cucharadas de **aceite al chile**
sal
perejil picado para decorar

Corte el cerdo en piezas pequeñas y retire el exceso de grasa. Sale un poco la harina y reboce la carne.

Funda la mantequilla con el aceite en una cazuela refractaria poco profunda y dore el cerdo en tandas.

Añada a la cazuela la cebolla y el puerro y sofría a fuego suave durante 5 minutos. Vuelva a poner la carne en la cazuela junto con la sidra, la salvia y la mostaza. Lleve a ebullición, tape la cazuela, baje el fuego y deje cocer al mínimo durante 30 minutos.

Incorpore la *crème fraîche* y reparta por encima la pera. Distribuya las rodajas de boniato en capas superpuestas sobre la pera (deje las mejores rodajas para la parte superior). Rocíe con el aceite al chile y espolvoree con sal.

Hornee a 160 °C, 3 de gas, durante 45 minutos o hasta que los boniatos estén tiernos y ligeramente dorados. Espolvoree con el perejil picado.

Para preparar estofado cremoso de cerdo y vino blanco, sustituya la sidra por la misma cantidad de vino blanco seco en el tercer paso. Cambie los boniatos por patatas y colóquelas en rodajas, formando una capa superior, como se indica en el cuarto paso. Aumente el tiempo de horno a 1 hora, aproximadamente.

cordero asado a la mediterránea

6 raciones

tiempo de preparación
20 minutos, más tiempo
de reposado

tiempo de cocción **1 hora
y 20 minutos-1 hora y
40 minutos**

1 cucharada de **romero picado**

2 cucharaditas de **pimentón
suave**

1,5 kg de **pierna de cordero**

3 cucharadas de **aceite de oliva**

2 cucharadas de **pasta
de tomates secos**

2 **dientes de ajo** aplastados

2 **cebollas rojas** cortadas
en cuñas

1 **bulbo de hinojo** cortado
en cuñas

2 **pimientos rojos** sin semillas
y troceados

2 **pimientos naranjas**
o **amarillos** sin semillas
y troceados

3 **calabacines** en rodajas
gruesas

50 g de **piñones**

300 ml de **vino tinto** o **blanco**

sal y pimienta

Mezcle el romero y el pimentón con un poco de sal y frote
el cordero con esta mezcla. Póngalo en una fuente de horno
grande y áselo a 220 °C, 7 de gas, durante 15 minutos.

Mientras tanto, mezcle el aceite con la pasta de tomate
y el ajo. Ponga todas las verduras en un cuenco, añada
la mezcla anterior y remueva bien hasta que todos los
ingredientes queden impregnados.

Baje la temperatura del horno a 180 °C, 4 de gas. Reparta
las verduras alrededor del cordero y distribuya los piñones.
Espolvoree con un poco de sal. Hornee durante 1 hora más
(el cordero quedará un poco rosado en el centro; si lo prefiere
bien hecho, déjelo 20 minutos más y retire las verduras
si comienzan a dorarse demasiado).

Ponga el cordero en una bandeja o una tabla, listo para cortar.
Tápelo con papel de aluminio y déjelo reposar 15 minutos.
Con una espumadera, pase las verduras a la bandeja de servir
y manténgalas calientes.

Vierta el vino en la fuente de horno y lleve a ebullición
al fuego; rasque los restos que hayan quedado adheridos
a la base. Hierva durante unos minutos, hasta que reduzca
ligeramente, y sirva.

Para preparar trigo bulgur afrutado para acompañar,
ponga 375 g de trigo bulgur en un recipiente resistente
al calor con ¼ de cucharadita de canela molida y otro
¼ de nuez moscada. Añada 400 ml de agua hirviendo
o caldo, tape y deje reposar en un lugar cálido durante
20 minutos. Añada 75 g de dátiles picados y sultanas
sin semillas y sirva.

ternera salteada con verduras

4 raciones
tiempo de preparación
15 minutos
tiempo de cocción **5 minutos**

3 cucharadas de **vinagre de vino
de arroz**
4 cucharadas de **miel ligera**
4 cucharadas de **salsa de soja
ligera**
3 cucharadas de **mirin**
½ **pepino**
1 **bulbo de hinojo** cortado
en cuartos
1 manojo de **rábanos** en rodajas
500 g de **carne magra**
o **solomillo** de ternera
1 cucharada de **harina de maíz**
5 cucharadas de **aceite para
saltear** o para **wok** (*véase*
pág. 11)
1 **chile rojo mediano,**
sin semillas y cortado
en rodajas muy finas
25 g de **raíz fresca de jengibre**
picada
1 manojo de **cebolletas**
en juliana fina
300 g de **fideos instantáneos**
25 g de **cilantro fresco** picado

Mezcle el vinagre, la miel, la salsa de soja y el mirin
en un cuenco pequeño.

Corte el pepino a lo largo y extraiga las semillas. Corte
en rodajas el pepino, el hinojo y los rábanos (si dispone
de un robot de cocina, utilícelo; si no, córtelos lo más
fino que pueda a mano).

Retire la grasa de la ternera y corte la carne muy fina.
Espolvoree con la harina de maíz.

Caliente 2 cucharadas de aceite en un wok o una sartén
grande. Añada el chile, el jengibre y la ternera y saltee
durante 1 minuto. Reserve en una bandeja grande. Incorpore
a la sartén las cebolletas y sofríalas 1 minuto más. Retírelas.

Caliente un poco más de aceite y saltee la mitad de las
verduras troceadas durante unos 30 segundos. Reserve.
Saltee el resto y póngalas también en la bandeja.

Vierta el resto del aceite en la sartén y añada los fideos y
el cilantro. Saltee durante unos segundos, removiendo, para
calentar y romper los fideos; a continuación, añada la ternera
y las verduras. Incorpore la mezcla de vinagre y caliente
todo durante 30 segundos más. Sirva inmediatamente.

Para preparar ternera salteada con verduras chinas,
prescinda del pepino, el hinojo y los rábanos. Trocee 200 g
de guisantes enteros, 2 calabacines y 2 pimientos dulces
y saltee en dos tandas con 200 g de castañas de agua en
conserva, cortadas por la mitad, como en el quinto paso.

estofado de hígado y panceta con ciruelas pasas

4 raciones
tiempo de preparación
  15 minutos
tiempo de cocción **1 hora**

400 g de **hígado de cordero**
  fileteado
2 cucharaditas de harina
8 **tiras finas de panceta
  ahumada**
16 **ciruelas pasas sin hueso**
3 cucharadas de **aceite de oliva**
2 **cebollas** grandes en juliana
  fina
750 g de **patatas** grandes
  cortadas en rodajas
450 ml de **caldo de cordero**
  o **de pollo** (*véanse* págs. 16
  y 140)
3 cucharadas de **perejil** picado
  para decorar
sal y pimienta

Corte el hígado en tiras gruesas y retire los conductos que encuentre. Salpimiente la harina y cubra con ella el hígado. Corte las tiras de panceta por la mitad y enróllelas alrededor de una ciruela.

Caliente la mitad del aceite en una cazuela refractaria y sofría las cebollas hasta que estén doradas. Retírelas y resérvelas. Añada el hígado a la cazuela y dórelo por los dos lados. Retírelo y resérvelo. Ponga el resto del aceite en la cazuela con las ciruelas envueltas en la panceta y fría por ambos lados hasta que la panceta esté dorada. Póngala a escurrir.

Distribuya las patatas en la cazuela y coloque encima todos los ingredientes que ha sofrito. Riegue con el caldo, salpimiente ligeramente y lleve a ebullición. Tape y hornee a 180 °C, 4 de gas, durante 50 minutos. Las patatas deben quedar muy tiernas. Sirva con perejil picado por encima.

Para preparar hígado de cordero con arándanos y panceta, sofría 2 cebollas en juliana muy fina y 150 g de panceta ahumada en dados durante 10 minutos; utilice para ello 2 cucharadas de aceite. Retire y reserve. Funda 25 g de mantequilla y saltee 625 g de hígado de cordero fileteado, a fuego fuerte, durante 3 minutos; dele la vuelta una o dos veces, hasta que quede dorado por fuera y rosado por dentro. Añada 75 g de arándanos congelados, 2 cucharadas de salsa de arándanos, 2 cucharadas de vinagre de vino tinto y 2 cucharadas de agua. Salpimiente y deje cocer durante 2 minutos, remueva de vez en cuando. Incorpore las cebollas y la panceta y caliente todos los ingredientes a fuego suave.

cerdo y tubérculos asados al jarabe de arce

4 raciones

tiempo de preparación
20 minutos

tiempo de cocción **1 hora y 30 minutos**

12 **cebollitas** o **chalotas**,
peladas y enteras

500 g de **patatas para asar**
cortadas en dados

300 g de **zanahorias baby**

300 g de **chirivías** pequeñas
cortadas en cuñas

3 cucharadas de **aceite de oliva**

2 **calabacines** cortados
en rodajas gruesas

varias **ramitas de romero**

1 cucharada de **mostaza en grano**

3 cucharadas de **jarabe de arce**

4 **chuletas de cerdo** grandes,
sin grasa

sal y pimienta

Reparta las cebollas o las chalotas, las patatas, las zanahorias y las chirivías en una fuente de horno grande y resistente. Rocíe con el aceite y agite la fuente para que las verduras queden impregnadas. Salpimiente y ase a 190 ºC, 5 de gas, durante 30 minutos o hasta que empiecen a adquirir color.

Añada los calabacines y las ramitas de romero y mézclelos bien con las verduras. Vuelva a poner la fuente en el horno y continúe con la cocción 10 minutos más.

Mezcle la mostaza, el jarabe de arce y un poco de sal. Coloque las chuletas de cerdo entre las verduras y pinte con la mitad del glaseado de arce. Hornee 20 minutos más.

Dé la vuelta a las chuletas y pinte con el resto del glaseado. Hornee 15 minutos más o hasta que las chuletas estén bien hechas.

Para preparar cerdo a la miel y limón, sustituya las zanahorias y las chirivías por 2 calabacines grandes y 3 pimientos rojos cortados en trozos y áselos como se indica en la receta. En lugar de la mostaza y el jarabe de arce, mezcle 3 cucharadas de miel ligera, 2 cucharadas de zumo de limón y una pieza de raíz de jengibre fresca de 2,5 cm, rallada, en el tercer paso. Utilice esta mezcla igual que el glaseado de jarabe de arce.

cerdo asado

4 raciones
tiempo de preparación
25 minutos
tiempo de cocción **1 hora
y 30 minutos**

4 **chuletas de cerdo**
deshuesadas (por ejemplo,
de la **pierna**, o **lomo**), de unos
2,5 cm de grosor cada una
50 g de **avellanas tostadas**
1 **diente de ajo** aplastado
3 **cebolletas** muy picadas
4 **albaricoques secos** grandes,
muy picados
4 cucharadas de **aceite**
625 g de **patatas para asar**
cortadas en trozos pequeños
1 **cebolla roja** cortada en cuñas
1 **manzana** pelada, cortada
en cuñas
2 **corazones de achicoria**
cortados en cuñas
2 cucharaditas de **harina**
300 ml de **sidra**
sal y pimienta

Con un cuchillo afilado, realice cortes horizontales lo más grandes posible, sin cortar del todo, en cada chuleta para dejar espacio para el relleno.

Pique bien las avellanas con un robot de cocina. Añada el ajo, las cebolletas, los albaricoques y una pizca de sal y pimienta y mézclelo todo. Rellene la carne con esta mezcla y aplane las chuletas con la palma de la mano. Salpimiente.

Caliente 1 cucharada de aceite en una fuente de horno grande y dore la carne por ambos lados. Retírela y resérvela.

Añada las patatas y la cebolla a la fuente con el resto del aceite y remueva bien para que se impregnen. Hornee a 200 °C, 6 de gas, durante 40 minutos o hasta que las patatas y las cebollas presenten un ligero tono dorado; deles la vuelta una vez.

Incorpore la carne a la fuente y hornee durante 15 minutos. Añada la manzana y la achicoria, imprégnelas con un poco del aceite de la fuente y hornee 20 minutos más o hasta que la carne esté bien hecha. Sirva en platos calientes.

Mezcle la harina con los jugos de la fuente (rasque los restos que pudiesen haber quedado adheridos al fondo). Incorpore gradualmente la sidra y remueva hasta que la mezcla espese y borbotee. Salpimiente al gusto y sirva con el asado.

Para preparar cerdo asado con ciruelas pasas a las especias, mezcle 25 g de pan rallado con 4 ciruelas pasas muy picadas, 1 tira fina de panceta muy picada, 1 diente de ajo aplastado, 1 cucharadita de raíz fresca de jengibre rallada, sal y pimienta. Rellene la carne con esta mezcla y siga la receta como se indica.

ternera con tomates y alcaparras

4 raciones
tiempo de preparación
20 minutos
tiempo de cocción **2 horas y 15 minutos**

1 cucharada de **harina**
4 lonchas gruesas de **jarrete de ternera**
4 cucharadas de **aceite de oliva**
2 **cebollas** muy picadas
2 **dientes de ajo** aplastados
75 g de **jamón** en trozos pequeños
cáscara de 1 **limón**
300 ml de **vino blanco**
varias **ramitas de tomillo**
4 **tomates** sin piel, cortados en cuñas
2 cucharadas de **alcaparras** aclaradas y escurridas
sal y pimienta

Salpimiente la harina y reboce la carne. Caliente el aceite en una cazuela refractaria y dore las piezas de carne. Póngalas a escurrir.

Añada las cebollas a la cazuela y sofríalas 5 minutos a fuego suave. Incorpore el ajo, el jamón y la cáscara de limón en tiras y saltee 1 minuto. Agregue el vino y las ramitas de tomillo y lleve a ebullición.

Vuelva a poner la carne en la cazuela y reparta los tomates. Distribuya las alcaparras, tape y hornee a 160 °C, 3 de gas, durante unas 2 horas, hasta que la carne quede muy tierna. Compruebe de sal y sirva.

Para preparar polenta picante con ajo para acompañar, lleve a ebullición 900 ml de agua con sal. Mientras tanto, funda 25 g de mantequilla y sofría durante 1 minuto 1 diente de ajo aplastado con una pizca de chile seco en copos. Retire del fuego. Añada 150 g de polenta al agua, de forma gradual, y a continuación la mantequilla con el ajo y 2 cucharadas de hierbas mixtas frescas y picadas. Cocine a fuego lento durante 8-10 minutos, sin dejar de remover, hasta que la polenta espese. Retire del fuego, añada y mezcle 25 g de mantequilla y 50 g de parmesano recién rallado y salpimiente.

risotto con habas, panceta y fontina

2 raciones
tiempo de preparación
15 minutos
tiempo de cocción **30 minutos**

3 cucharadas de **aceite de oliva**
1 **cebolla** muy picada
3 **dientes de ajo** aplastados
75 g de **panceta** picada
250 g de **arroz para** *risotto*
½ cucharadita de **hierbas
mixtas secas**
900 ml de **caldo de pollo**
o **caldo vegetal** caliente
(*véanse* págs. 16 y 190)
125 g de **habas**, descongeladas
si son congeladas
75 g de **guisantes**
75 g de **queso fontina** rallado
grueso
50 g de **mantequilla**
2 cucharadas de **queso
parmesano** recién rallado,
y un poco más para decorar
1 cucharada de **hojas de menta**
picadas
6-8 **hojas de albahaca**
desmenuzadas, y un poco
más para decorar
sal y pimienta

Caliente el aceite en una olla grande y sofría la cebolla hasta que se ablande. Añada el ajo y la panceta y sofría hasta que la panceta adquiera color. Incorpore el arroz y remueva para que los granos se impregnen bien con el aceite.

Con la olla a fuego medio, añada las hierbas secas y el caldo caliente y lleve a ebullición sin dejar de remover. Salpimiente y baje el fuego al mínimo. Deje cocer durante 10 minutos, remueva con frecuencia. Agregue las habas y los guisantes y continúe con la cocción 10 minutos más.

Retire la olla del fuego y reparta el fontina encima del *risotto*. Haga lo mismo con la mantequilla y el parmesano. Tape la olla y deje reposar durante 2-3 minutos para que el queso y la mantequilla se fundan con el *risotto*.

Destape la olla y añada la menta y la albahaca. Remueva con cuidado para mezclar el queso, la mantequilla y las hierbas con el arroz. Sirva inmediatamente con hojas de albahaca y parmesano.

Para preparar *risotto* **con tomate y champiñones**, fría la cebolla y añada 250 g de champiñones laminados, 2 dientes de ajo aplastados, 1 cucharadita de orégano seco y 3 tomates grandes muy picados; sofría a fuego lento durante 5 minutos. Incorpore 400 g de arroz para *risotto* y un cazo de caldo caliente de un total de 1 l. Deje cocer a fuego lento hasta que el arroz absorba el caldo. Vaya añadiendo el resto del caldo de forma gradual y deje cocer unos 25 minutos. Incorpore 25 g de mantequilla, 40 g de parmesano, sal y pimienta.

picadillo de salchichas y boniatos

4 raciones
tiempo de preparación
   15 minutos
tiempo de cocción **45 minutos**

3 cucharadas de **aceite de oliva**
8 **salchichas de cerdo**
3 **cebollas rojas** grandes en
   juliana muy fina
1 cucharadita de **azúcar
   extrafino**
500 g de **boniatos** limpios y
   cortados en trozos pequeños
8 **hojas de salvia**
2 cucharadas de **vinagre
   balsámico**
sal y pimienta

Caliente el aceite en una sartén grande o una cazuela refractaria y fría las salchichas durante unos 10 minutos, hasta que estén doradas; deles la vuelta con frecuencia. Póngalas a escurrir en un plato.

Añada las cebollas y el azúcar a la sartén o la cazuela y sofría a fuego lento, remueva con frecuencia, hasta que se doren ligeramente. Vuelva a poner las salchichas al fuego con los boniatos, las hojas de salvia y una pizca de sal y pimienta.

Cubra el recipiente con una tapa o con papel de aluminio y deje cocer a fuego muy lento durante unos 25 minutos, hasta que las patatas estén tiernas.

Rocíe con el vinagre y compruebe de sal antes de servir.

Para preparar berros salteados con ajo y nuez moscada para acompañar, caliente 4 cucharadas de aceite de oliva en una olla grande, añada 1 diente de ajo aplastado y dórelo durante 30-60 segundos. Añada 750 g de berros y saltee a fuego fuerte durante 1-2 minutos, hasta que queden blandos. Salpimiente y añada nuez moscada al gusto.

estofado de ternera

5-6 raciones
tiempo de preparación
20 minutos
tiempo de cocción **1 hora
y 30 minutos**

1 cucharada de **harina**
1 kg de **ternera para estofado**,
cortada en dados
4 cucharadas de **aceite de oliva**
100 g de **panceta** picada
1 **cebolla** grande picada
4 **dientes de ajo** aplastados
varias tiras de **cáscara
de naranja**
200 g de **zanahorias** en rodajas
varias **ramitas de tomillo**
300 ml de **vino tinto**
300 ml de **caldo de ternera**
(*véase* pág. 138)
100 g de **olivas negras
deshuesadas**
4 cucharadas de **pasta
de tomates secos**
sal y pimienta

Salpimiente la harina y reboce la carne. Caliente el aceite en una cazuela refractaria grande y dore la carne por tandas. Resérvela y sofría la panceta y la cebolla durante 5 minutos.

Vuelva a poner la carne en la cazuela con el ajo, la cáscara de naranja, las zanahorias, el tomillo, el vino y el caldo. Lleve casi a ebullición, tape y hornee a 160ºC, 3 de gas, durante 1 hora y 15 minutos o hasta que la carne esté muy tierna.

Ponga las olivas y la pasta de tomate en el vaso de la batidora o en un robot de cocina y mézclelas hasta que las olivas queden picadas, pero sin llegar a hacerlas puré. Añada esta mezcla a la cazuela y hornee 15 minutos más. Compruebe de sal y sirva con pan crujiente, judías o puré de patatas.

Para preparar *bourguignon* **de ternera**, adobe la misma cantidad de ternera con cebolla picada, perejil y ramitas de tomillo, laurel desmenuzado, 400 ml de borgoña tinto, 2 cucharadas de brandy y 2 cucharadas de aceite de oliva. Deje reposar toda la noche. Saltee 150 g de panceta en dados en 50 g de mantequilla, en una cazuela refractaria, y a continuación añada 24 cebollitas encurtidas y 500 g de champiñones. Reserve. Retire la carne del adobo y dórela en la cazuela. Añada 1 cucharada de harina, los jugos colados del adobo, 300 ml de caldo de ternera, 1 diente de ajo aplastado, 1 *bouquet garni*, sal y pimienta. Deje cocer a fuego lento, con la cazuela tapada, durante 2 horas. Incorpore la panceta, las cebollitas y los champiñones, tape y deje cocer 30 minutos más.

vegetarianos

ñoqui con espinacas y gorgonzola

3-4 raciones

tiempo de preparación
5 minutos

tiempo de cocción **10 minutos**

250 g de **espinacas baby**
300 ml de **caldo vegetal**
500 g de **ñoqui de patata**
150 g de **queso gorgonzola**
    cortado en trozos pequeños
3 cucharadas de **nata**
abundante **nuez moscada**
    recién rallada
pimienta

Lave bien las espinacas y séquelas con papel de cocina.

Lleve el caldo a ebullición en una olla grande. Vierta los ñoqui y vuelva a llevar a ebullición. Hágalos 2-3 minutos o hasta que se hinchen y estén tiernos.

Incorpore el queso, la nata y la nuez moscada y caliente hasta que el queso se funda y forme una salsa cremosa.

Añada las espinacas a la olla y caliente todo a fuego lento durante 1 o 2 minutos; mezcle las espinacas con los ñoqui y la salsa hasta que las hojas queden tiernas. Sirva y espolvoree con abundante pimienta negra.

Para preparar caldo vegetal casero, caliente 2 cucharadas de aceite de oliva en una olla grande. Añada 1 cebolla grande picada, 2 zanahorias picadas, 125 g de nabos o chirivías picados, 3 ramas de apio en rodajas y 125 g de champiñones fileteados y saltee a fuego suave durante 5 minutos. Añada 2 hojas de laurel, varias ramitas de tomillo y de perejil, 2 tomates picados, 2 cucharaditas de pimienta negra en grano y la piel de la cebolla y cubra con 1,8 l de agua. Lleve a ebullición, tape parcialmente y deje cocer a fuego lento durante 1 hora. Cuando el caldo esté frío, cuélelo. Puede guardarlo hasta dos días en la nevera o congelarlo.

risotto con remolacha

4 raciones
tiempo de preparación
5-10 minutos
tiempo de cocción **30 minutos**

1 cucharada de **aceite de oliva**
15 g de **mantequilla**
1 cucharadita de **semillas de
  cilantro aplastadas o molidas**
  (sin llegar a reducirlas a polvo)
4 **cebolletas** cortadas en juliana
  fina
400 g de **remolacha recién
  cocida**, cortada en dados
  de 1 cm
500 g de **arroz para** *risotto*
1,5 l de **caldo vegetal caliente**
  (*véase* pág. 190)
200 g de **queso en crema**
4 cucharadas de **eneldo muy
  picado**
sal y pimienta

para la **decoración**
ramitas de eneldo (opcional)
crème fraîche (opcional)

Caliente el aceite y la mantequilla en una olla grande. Añada las semillas de cilantro y las cebolletas y saltee a fuego fuerte durante 1 minuto.

Añada la remolacha y el arroz. Caliéntelos 2-3 minutos, remueva para que los granos se impregnen con el aceite. Vierta gradualmente el caldo caliente y remueva con frecuencia hasta que cada tanda de caldo se absorba antes de añadir la siguiente. Le llevará unos 25 minutos; transcurrido ese tiempo, el arroz debería estar *al dente*.

Incorpore el queso en crema y el eneldo y salpimiente al·gusto. Sirva inmediatamente con ramitas de eneldo y un poco de *crème fraîche* si lo desea.

Para preparar *risotto* **con espinacas y limón**, caliente el aceite y la mantequilla y saltee durante 3 minutos 2 chalotas muy picadas y 2 dientes de ajo aplastados. Incorpore 300 g de arroz y añada gradualmente 1 l de caldo vegetal como se indica en la receta. Antes de añadir el último cazo de caldo, agregue 500 g de espinacas picadas, la ralladura y el zumo de 1 limón, sal y pimienta. Suba el fuego y remueva, añada el resto del caldo y 50 g de mantequilla y deje cocer unos minutos. Incorpore 50 g de parmesano rallado. Adorne con más parmesano y ralladura de limón, si lo desea, antes de servir.

tortilla de queso de cabra y habas

4 raciones
tiempo de preparación
15 minutos
tiempo de cocción **40 minutos**

75 ml de **aceite de oliva**
1 **cebolla** picada
625 g de **patatas para cocer**
cortadas en rodajas
6 **huevos**
2 cucharaditas de **granos de**
pimienta verde encurtidos,
aclarados, escurridos
y ligeramente machacados
200 g de **queso de cabra**
desmenuzado
125 g de **habas baby**
congeladas
sal

Caliente el aceite en una sartén resistente de 24-25 cm.
Añada la cebolla y las patatas y espolvoree con sal. Fría
al mínimo de fuego durante 15-20 minutos y remueva con
frecuencia. Si queda mucho aceite en la sartén cuando
las patatas estén listas, cuélelo y deje un poco para
terminar la receta.

Bata los huevos en un recipiente con la pimienta verde
y un poco más de sal.

Mezcle bien el queso y las habas con las patatas. Extienda
la mezcla en la sartén, en una capa fina, y vierta los huevos
por encima. Baje el fuego al mínimo y deje cocer durante
10-15 minutos, hasta que el huevo casi esté cuajado. Termine
la cocción en el grill a una temperatura moderada durante
5 minutos, hasta que la superficie de la tortilla se dore
ligeramente. Sirva caliente o fría, con una ensalada mixta.

Para preparar tortilla de judías verdes y pimientos,
prescinda de la pimienta, el queso de cabra y las habas.
Añada a la cebolla y las patatas, 2 pimientos rojos cortados
en rodajas, o 1 rojo y 1 verde, y unas cuantas judías verdes
cortadas. Prepare la tortilla como se indica en la receta.

caldo verde

4 raciones
tiempo de preparación
15 minutos
tiempo de cocción **35 minutos**

125 g de **repollo, por ejemplo Cavolo Nero**
4 cucharadas de **aceite de oliva**
1 **cebolla** grande picada
625 g de **patatas harinosas** cortadas en trozos pequeños
2 **dientes de ajo** picados
1 l de **caldo vegetal** (*véase* pág. 190)
400 g de **judías blancas** cocidas, escurridas
15 g de **cilantro fresco** picado
sal y pimienta

Retire los extremos duros de las hojas del repollo y enrolle las hojas. Con un cuchillo grande, píquelas tanto como le sea posible.

Caliente el aceite en una olla grande y sofría la cebolla a fuego suave durante 5 minutos. Añada las patatas y saltéelas, remueva de vez en cuando, durante 10 minutos. Incorpore el ajo y saltee 1 minuto más.

Añada el caldo y lleve a ebullición. Baje el fuego y deje cocer lentamente, con la olla tapada, durante unos 10 minutos o hasta que las patatas estén tiernas. Utilice un pasapurés para chafar ligeramente las patatas con la sopa de manera que se rompan un poco, pero sin llegar a deshacerlas del todo.

Incorpore las judías, la col picada y el cilantro y deje cocer a fuego suave 10 minutos más. Salpimiente al gusto.

Para preparar *colcannon*, cueza 500 g de patatas sin pelar hasta que estén tiernas. Escúrralas y añada 150 ml de leche. Mientras tanto, hierva 500 g de repollo picado durante 10 minutos o hasta que esté tierno. Escúrralo y añada 6 cebolletas muy picadas. Cuando se enfríen un poco y pueda manipularlas, pele las patatas y cháfalas en un cuenco; a continuación, añada el repollo y las cebolletas. Salpimiente, agregue 50 g de mantequilla y remueva.

estofado de calabaza y tubérculos

8-10 raciones
tiempo de preparación
20 minutos
tiempo de cocción **1 hora
y 30 minutos-2 horas**

1 **calabaza** de 1,5 kg
4 cucharadas de **aceite
de girasol** o de **oliva**
1 **cebolla** grande muy picada
3-4 **dientes de ajo** aplastados
1 **chile rojo** pequeño,
sin semillas y picado
4 **ramas de apio** cortadas
en trozos de 2,5 cm
500 g de **zanahorias** cortadas
en trozos de 2,5 cm
250 g de **chirivías** cortadas
en trozos de 2,5 cm
2 latas de 400 g de **tomates
pera**
3 cucharadas de **puré
de tomate**
1-2 cucharadas de **pimentón
picante**
250 ml de **caldo vegetal**
(*véase* pág. 190)
1 *bouquet garni*
2 latas de 400 g de **alubias
rojas** escurridas
sal y pimienta
3-4 cucharadas de **perejil**
muy picado para decorar

Corte la calabaza por la mitad por la parte más ancha y retire las semillas y las fibras. Corte la pulpa en dados y retire la piel. Debería quedarle más o menos 1 kg de pulpa de calabaza.

Caliente el aceite en una olla grande y saltee la cebolla, el ajo y el chile hasta que queden tiernos, pero sin que lleguen a adquirir color. Añada la calabaza y el apio y sofría a fuego lento durante 10 minutos. Incorpore las zanahorias, las chirivías, los tomates, el puré de tomate, el pimentón, el caldo y el *bouquet garni*. Lleve a ebullición, baje el fuego, tape la olla y deje cocer durante 1 hora o 1 hora y 30 minutos, hasta que las verduras casi estén tiernas.

Añada las alubias y deje cocer 10 minutos. Salpimiente y adorne con el perejil para servir. Acompañe con pan crujiente o puré de patatas al ajo. Este estofado mejora cuando se recalienta.

Para preparar *goulash* **de calabaza**, caliente 2 cucharadas de aceite en una cazuela refractaria y saltee 1 cebolla picada hasta que esté tierna. Incorpore 1 cucharada de pimentón y 1 cucharadita de semillas de alcaravea y saltee 1 minuto. Añada 400 g de tomates troceados en conserva y 2 cucharadas de azúcar moreno mascabado y lleve a ebullición. Agregue 375 g de calabaza cortada en rodajas finas, 250 g de patatas en dados, 1 zanahoria grande en rodajas y 1 pimiento rojo picado. Salpimiente, tape y lleve a ebullición; a continuación, baje el fuego y deje cocer durante 1 hora o 1 hora y 30 minutos. Para servir, agregue 150 ml de nata agria.

sopa de tomate y pan

4 raciones
tiempo de preparación
15 minutos
tiempo de cocción **30 minutos**

1 kg de **tomates de rama maduros**, sin piel, sin semillas y picados
300 ml de **caldo vegetal** (*véase* pág. 190)
6 cucharadas de **aceite de oliva virgen extra**
2 **dientes de ajo** aplastados
1 cucharadita de **azúcar**
2 cucharadas de **albahaca** picada
100 g de **pan** del día anterior, sin corteza
1 cucharada de **vinagre balsámico**
sal y pimienta

Ponga los tomates en una olla con el caldo, 2 cucharadas del aceite, el ajo, el azúcar y la albahaca y lleve a ebullición. Tape la olla, baje el fuego y deje cocer durante 30 minutos.

Desmenuce el pan en la sopa y remueva a fuego lento hasta que espese. Agregue el vinagre y el resto del aceite y salpimiente al gusto. Sirva inmediatamente o deje enfriar a temperatura ambiente.

Para preparar sopa de tomate y almendras, lleve a ebullición los tomates, el aceite, el ajo y el azúcar como se indica en la receta; prescinda de la albahaca. Baje el fuego y deje cocer sin tapar durante 15 minutos. Mientras tanto, mezcle 150 ml de aceite de oliva virgen extra con 15 g de hojas de albahaca y una pizca de sal, hasta obtener una mezcla homogénea. Reserve. Añada 100 g de almendras tostadas molidas a la sopa y sirva con un chorro de aceite con albahaca.

estofado de salchichas vegetarianas

4 raciones
tiempo de preparación
10 minutos
tiempo de cocción **40 minutos**

40 g de **mantequilla** blanda
1 cucharada de **aceite de oliva**
8 **salchichas vegetarianas**
100 g de **champiñones castaña**
  fileteados
1 **cebolla roja** en juliana
200 g de **lentejas de Puy**
  aclaradas
400 ml de **caldo vegetal**
  (*véase* pág. 190)
2 cucharadas de **orégano**
  picado
2 cucharadas de **pasta**
  de tomates secos
300 g de **tomates cherry**
  cortados en mitades
1 **diente de ajo** aplastado
2 cucharadas de **perejil** picado
8 **chapatas** pequeñas
  o 4 rebanadas grandes
sal y pimienta

Funda la mitad de la mantequilla con el aceite en una cazuela refractaria y dore las salchichas con los champiñones y la cebolla.

Añada las lentejas, el caldo, el orégano y la pasta de tomate y mezcle bien los ingredientes. Lleve a ebullición y tape la cazuela. Baje el fuego y deje cocer durante unos 20 minutos, hasta que las lentejas estén tiernas y el caldo casi se haya absorbido.

Incorpore los tomates y compruebe de sal. Deje cocer 5 minutos más.

Mientras tanto, mezcle el ajo y el perejil con el resto de la mantequilla y unte las rebanadas. Dispóngalas sobre el estofado y hornee con el grill a temperatura moderada durante unos 5 minutos, hasta que el pan esté ligeramente tostado.

Para preparar hamburguesas vegetales con especias, caliente 1 cucharada de aceite y sofría durante 10 minutos media cebolla roja, 1 diente de ajo, 1 cucharadita de jengibre rallado, 1 cucharadita de comino molido, 1 cucharadita de cilantro molido y 1 cucharadita de chile molido. Deje enfriar un poco y mezcle con 400 g de alubias rojas, 75 g de pan rallado fresco, 2 cucharadas de cilantro fresco, 2 cucharadas de salsa de soja, sal y pimienta. Con las manos húmedas, forme 8 hamburguesas pequeñas y fríalas durante 2-3 minutos por cada lado. Utilice las hamburguesas vegetales en lugar de las salchichas para elaborar el estofado o sírvalas con salsa de tomate fresco.

sopa de hinojo y limón

4 raciones
tiempo de preparación
20 minutos
tiempo de cocción **30 minutos**

6 cucharadas de **aceite de oliva
virgen extra**
1 **cebolla** picada
250 g de **bulbo de hinojo**
cortado en juliana fina
1 **patata** cortada en dados
ralladura muy fina y **zumo**
de 1 **limón**
900 ml de **caldo vegetal**
(*véase* pág. 190)
sal y pimienta

para la **gremolata de olivas
negras**
1 **diente de ajo** pequeño,
muy picado
ralladura muy fina de 1 **limón**
4 cucharadas de **perejil** picado
16 **olivas negras** deshuesadas
y picadas

Caliente el aceite en una olla grande. Añada la cebolla y sofríala durante 5-10 minutos, hasta que empiece a ablandarse. Incorpore el hinojo, la patata y la ralladura de limón y caliente 5 minutos más hasta que el hinojo empiece a ponerse tierno. Vierta el caldo y lleve a ebullición. Baje el fuego, tape la olla y deje cocer unos 15 minutos o hasta que las verduras estén tiernas.

Mientras tanto, para preparar la gremolata, mezcle el ajo, la ralladura de limón y el perejil. A continuación, añada las olivas picadas y remueva. Tape y guarde en la nevera.

Mezcle la sopa con la batidora o con un robot de cocina y cuélela para eliminar las posibles fibras del hinojo. La sopa no debe quedar demasiado espesa; si es necesario, añada más caldo. Póngala de nuevo en la olla, pruébela y aderece con sal, pimienta y abundante zumo de limón. Sirva en cuencos calientes y adorne cada cuenco con gremolata. Sirva con rebanadas de pan tostado si lo desea.

Para preparar gremolata de olivas verdes y tomillo, mezcle 1 diente de ajo muy picado, la ralladura muy fina de 1 limón, 4 cucharadas de perejil picado y 2 cucharaditas de tomillo limonero picado. Agregue 16 olivas verdes deshuesadas y picadas. Sirva en la sopa como se indica en la receta y rocíe con aceite de oliva al limón.

lasaña de queso de cabra y pimiento

4 raciones
tiempo de preparación
20 minutos, más tiempo
de reposado
tiempo de cocción **50 minutos-
1 hora**

325 g de **pimientos** en conserva
6 **tomates** pelados y picados
en trozos no muy pequeños
1 **pimiento amarillo** sin semillas
y muy picado
2 **calabacines** cortados
en rodajas finas
75 g de **tomates secos**
cortados en rodajas finas
100 g de **pesto de tomates
secos**
25 g de **albahaca**
4 cucharadas de **aceite de oliva**
150 g de **queso de cabra fresco**
600 ml de **salsa de queso
comercial o casera**
150 g de **lasaña al huevo**
6 cucharadas de **queso
parmesano rallado**
sal y pimienta

Seque los pimientos en conserva y píquelos. Mézclelos en un cuenco con los tomates, el pimiento verde, los calabacines, los tomates secos y el pesto. Desmenuce las hojas de albahaca y añádalas al cuenco con el aceite y una pizca de sal y pimienta. Mezcle bien los ingredientes.

Reparta un cuarto de los ingredientes en una fuente de horno de 1,8 l de capacidad y distribuya por encima un cuarto del queso de cabra y 4 cucharadas de salsa de queso. Cubra con un tercio de las láminas de lasaña (rompa alguna si es necesario para formar una capa completa). Repita el proceso y termine con una capa de verduras y queso de cabra.

Distribuya el resto de la salsa de queso y espolvoree con parmesano. Hornee a 190 °C, 5 de gas, durante 50-60 minutos o hasta que la capa superior esté bien dorada. Deje reposar 10 minutos antes de servir, acompañada con una ensalada verde.

Para preparar salsa de queso casera, ponga 500 ml de leche en un cazo con 1 cebolla pequeña y 1 hoja de laurel. Caliente hasta el punto de ebullición, retire del fuego y deje reposar 20 minutos. Cuele la leche. Funda 50 g de mantequilla, añada 50 g de harina y remueva con energía. Deje cocer durante 1-2 minutos, sin dejar de remover; a continuación, fuera del fuego, incorpore la leche gradualmente. Lleve a ebullición a fuego lento, removiendo, y deje cocer 2 minutos más. Retire el cazo del fuego y añada 125 g de chedar o gruyer rallado.

sopa de judiones y tomate

4 raciones
tiempo de preparación
10 minutos
tiempo de cocción **20 minutos**

3 cucharadas de **aceite de oliva**
1 **cebolla** muy picada
2 **ramas de apio** en rodajas finas
2 **dientes de ajo** fileteados
muy finos
2 tarros de 400 g de **judiones**,
aclarados y escurridos
4 cucharadas de **pasta
de tomates secos**
900 ml de **caldo vegetal**
(*véase* pág. 190)
1 cucharada de **romero**
o **tomillo** picado
sal y pimienta
virutas de queso parmesano
para servir

Caliente el aceite en una olla. Añada la cebolla y sofría durante 3 minutos. Incorpore el apio y el ajo y saltee 2 minutos más.

Añada los judiones, la pasta de tomate, el caldo, el romero o el tomillo y una pizca de sal y pimienta. Lleve a ebullición, baje el fuego, tape y deje cocer 15 minutos. Sirva con virutas de parmesano. Esta sopa es un plato único ligero si se sirve con pan y abundante parmesano.

Para preparar sopa de zanahoria y lentejas a las especias, caliente en una olla 2 cucharadas de aceite. Sofría durante 10 minutos 1 cebolla picada, 2 dientes de ajo aplastados y 375 g de zanahorias picadas. Añada 400 g de lentejas escurridas, 2 cucharaditas de cilantro molido, 1 cucharadita de comino molido y 1 cucharadita de tomillo picado, y saltee durante 1 minuto. Incorpore 1 l de caldo vegetal, 400 g de tomates en conserva picados y 2 cucharaditas de zumo de limón. Lleve a ebullición, tape y deje cocer a fuego lento durante 20 minutos. Remueva para mezclar bien todos los ingredientes.

alubias al chile con salsa de aguacate

4-6 raciones
tiempo de preparación
15 minutos
tiempo de cocción **30 minutos**

3 cucharadas de **aceite de oliva**
2 cucharaditas de **semillas
de comino** machacadas
1 cucharadita de **orégano seco**
1 **cebolla roja** picada
1 **rama de apio** picada
1 **chile rojo medio**, sin semillas
y fileteado
2 latas de 400 g de **tomates
troceados**
50 g de **tomates secos**
cortados en rodajas finas
2 cucharaditas de **azúcar**
300 ml de **caldo vegetal**
(*véase* pág. 190)
2 tarros de 400 g de **alubias
rojas**
un puñado de **cilantro fresco**
picado
1 **aguacate** pequeño
2 **tomates**
2 cucharadas de **salsa de chile
dulce**
2 cucharaditas de **zumo de lima**
100 g de **nata agria**
sal y pimienta

Caliente el aceite en una olla grande. Añada las semillas de comino, el orégano, la cebolla, el apio y el chile y saltee a fuego lento, sin dejar de remover, durante unos 6-8 minutos o hasta que las verduras empiecen a adquirir color.

Añada los tomates en conserva, los tomates secos, el azúcar, el caldo, las alubias y el cilantro y lleve a ebullición. Baje el fuego y deje cocer durante unos 20 minutos, hasta que los jugos espesen.

Para preparar la salsa, corte el aguacate en dados pequeños y póngalos en un cuenco. Corte los tomates por la mitad, retire las semillas y corte la pulpa en dados pequeños. Mézclelos con la salsa de chile y el zumo de lima. Remueva.

Salpimiente las alubias y sirva. Corone con nata agria y salsa de aguacate. Sirva con pita tostada o algún tipo de pan plano.

Para preparar judiones estofados, caliente 4 cucharadas de aceite de oliva en un cazo y sofría a fuego suave, durante 3 minutos, 2 dientes de ajo aplastados, 1 cucharada de romero picado y 2 cucharaditas de ralladura de limón. Incorpore 800 g de judiones con el líquido de conserva, 4 tomates grandes pelados y picados y un poco de chile molido. Lleve a ebullición, baje el fuego y deje cocer durante 8-10 minutos, hasta que la salsa espese. Salpimiente y sirva con la salsa de aguacate y nata agria.

alubias con coco y anacardos

4 raciones
tiempo de preparación
8 minutos
tiempo de cocción **25 minutos**

3 cucharadas de **aceite
de cacahuete** o **vegetal**
2 **cebollas** picadas
2 **zanahorias pequeñas**
cortadas en rodajas finas
3 **dientes de ajo** aplastados
1 **pimiento rojo** sin semillas
y picado
2 **hojas de laurel**
1 cucharada de **pimentón**
3 cucharadas de **puré
de tomate**
400 ml de **leche de coco**
200 g de **tomates troceados**
en conserva
150 ml de **caldo vegetal**
(*véase* pág. 190)
400 g de **alubias rojas**
aclaradas y escurridas
100 g de **anacardos sin sal**
tostados
un puñadito de **cilantro fresco**
picado
sal y pimienta

Caliente el aceite en una olla grande. Añada las cebollas
y las zanahorias y sofría durante 3 minutos. Incorpore
el ajo, el pimiento rojo y las hojas de laurel y sofría 5 minutos
más o hasta que las verduras estén tiernas y bien doradas.

Añada el pimentón, el puré de tomate, la leche de coco,
los tomates, el caldo y las alubias y lleve a ebullición.
Baje el fuego y deje cocer sin tapar durante 15 minutos,
hasta que las verduras estén tiernas.

Incorpore los anacardos y el cilantro, salpimiente al gusto
y caliente todo 2 minutos más. Sirva con pan de cereales y
arroz hervido.

Para preparar pilaf de arroz rojo para acompañar, ponga
275 g de arroz rojo de Camarga en una olla con 900 ml
de caldo vegetal caliente y 1 diente de ajo aplastado. Lleve
a ebullición, baje el fuego y deje cocer durante 20-25 minutos
o hasta que el arroz esté tierno; añada un poco de agua
si la mezcla se seca. Incorpore 2 cucharadas de perejil
picado, la ralladura y el zumo de 1 limón, 2 cucharadas
de aceite de oliva y 1 cucharadita de azúcar extrafino.
Salpimiente al gusto.

pasta con caldo vegetal cremoso

3-4 raciones
tiempo de preparación
10 minutos
tiempo de cocción **15 minutos**

3 cucharadas de **aceite de oliva**
1 **bulbo de hinojo** grande
muy picado
150 g de **champiñones**
cortados en mitades
2 cucharadas de **estragón,**
perejil o **hinojo** picados
750 ml de **caldo vegetal**
(*véase* pág. 190)
200 g de **brotes de brócoli**
morado, cortados por la mitad
a lo largo en piezas de 5 cm
300 g de **tortellini de queso**
o de **espinacas**, o **ravioli**
6 cucharadas de **nata**
para montar
abundante **nuez moscada**
recién rallada
sal y pimienta
queso parmesano recién rallado
para decorar

Caliente el aceite en una olla grande. Añada el hinojo y sofríalo a fuego suave, remueva con frecuencia, durante unos 5 minutos. Incorpore los champiñones y sofría 5 minutos más.

Añada las hierbas y el caldo y lleve a ebullición. Agregue el brócoli y recupere el hervor. Añada la pasta y hágala durante unos 3 minutos.

Incorpore la nata y la nuez moscada y salpimiente al gusto. Sirva en platos hondos con parmesano por encima.

Para preparar pasta con sopa de garbanzos y espinacas, caliente 2 cucharadas de aceite en una olla grande y saltee, durante 5 minutos, 2 dientes de ajo aplastados, 1 cebolla picada y 1 cucharada de romero picado. Añada 800 g de garbanzos con su líquido y 1,2 l de caldo vegetal. Lleve a ebullición, tape y deje cocer durante 30 minutos. Añada 75 g de pasta pequeña y recupere el hervor; a continuación, deje cocer durante 8 minutos. Incorpore 125 g de espinacas picadas y continúe con la cocción 5 minutos más, hasta que la pasta y las espinacas estén tiernas. Salpimiente y sirva con nuez moscada, parmesano y picatostes.

rösti con tomate y tres quesos

2 raciones
tiempo de preparación
  20 minutos
tiempo de cocción **25 minutos**

400 g de **patatas para cocer**
½ **cebolla** pequeña, rallada
1 cucharadita de **orégano seco**
25 g de **mantequilla**
1 cucharada de **aceite de oliva**
3 **tomates** pequeños cortados
  en rodajas
50 g de **queso gruyer** rallado
2 cucharadas de **queso
  parmesano** recién rallado
un puñado de **olivas negras
  deshuesadas**
sal y pimienta
hojas de albahaca pequeñas
  para decorar

Ralle las patatas y mézclelas con la cebolla, el orégano y abundante sal y pimienta.

Funda la mantequilla con el aceite. Vierta la mezcla uniformemente; presione para compactar.

Haga las patatas a fuego muy suave durante unos 10 minutos. Para dar la vuelta al *rösti*, ponga un plato grande encima de la sartén, dele la vuelta y haga las patatas por el otro lado durante 5 o 10 minutos más.

Distribuya por encima las rodajas de tomate y espolvoree con un poco de pimienta. Reparta el gruyere y coloque encima las rodajas de mozzarella. Añada el parmesano y las olivas.

Hornee bajo el grill a temperatura moderada durante unos 5 minutos, hasta que el queso empiece a adquirir color. Adorne con hojas de albahaca y sirva con una ensalada verde.

Para preparar *rösti* con champiñones y nata agria, ralle 375 g de patatas para cocer y séquelas. Mézclelas con 1 cebolla en juliana, 1 cucharada de eneldo picado, ½ cucharadita de sal y 15 g de harina. Finalmente añada 1 huevo batido. Caliente un poco de aceite en una sartén antiadherente, divida la mezcla de patatas en 8 partes y fríalas durante 3-4 minutos por cada lado. Manténgalas calientes. Para la salsa, funda 25 g de mantequilla y fría 2 chalotas pequeñas picadas y 1 diente de ajo aplastado durante 5 minutos; a continuación, añada los champiñones y saltee 5-6 minutos más. Incorpore 2 cucharadas de eneldo picado, 6 cucharadas de nata agria y 2 cucharaditas de salsa de rábano picante, salpimiente y sirva con el *rösti*.

sopa de judías verdes, miso y fideos

2 raciones
tiempo de preparación
10 minutos
tiempo de cocción **10 minutos**

3 cucharadas de **pasta de miso marrón**

1 l de **caldo vegetal** (*véase pág.* 190)

25 g de **raíz fresca de jengibre** rallada

2 **dientes de ajo** cortados en láminas muy finas

1 **chile picante** pequeño, sin semillas y cortado en rodajas finas

100 g de **fideos soba, integrales** o **normales**

1 manojo de **cebolletas** muy picadas

100 g de **guisantes frescos** o **congelados**

250 g de **judías verdes** troceadas

3 cucharadas de **mirin**

1 cucharada de **azúcar**

1 cucharada de **vinagre de vino de arroz**

Mezcle la pasta de miso con un chorro de caldo en un cazo para formar una pasta espesa y uniforme. Añada un poco más de caldo para diluir la pasta y vierta el resto. Incorpore el jengibre, el ajo y el chile y lleve casi a ebullición.

Baje el fuego y agregue los fideos. Remueva de vez en cuando y déjelos cocer unos 5 minutos, hasta que se ablanden.

Añada las cebolletas, los guisantes, las judías, el mirin, el azúcar y el vinagre y mezcle bien.

Deje cocer 1-2 minutos, hasta que las verduras se ablanden un poco. Sirva inmediatamente en cuencos.

Para preparar sopa de miso con tofu, prepare un caldo dashi cociendo 15 g de algas kombu en 1,8 l de agua; retire la espuma que se forme. Añada 1 ½ cucharada de copos de bonito seco y deje cocer, sin tapar, durante 20 minutos. Ya fuera del fuego, añada ½ cucharada de copos de bonito seco y deje reposar 5 minutos. Cuele el caldo y vuelva a ponerlo en la olla. Mezcle 2 cucharadas de miso rojo o blanco con un poco de caldo dashi y vaya añadiendo cucharadas al caldo, de una en una, remueva hasta que se disuelva. Corte 1 puerro pequeño en juliana fina y 125 g de tofu firme en dados pequeños y añádalos a la sopa caliente con 1 cucharada de algas wakame. Adorne con cebollino picado.

polenta al chile con tomates cherry

4 raciones
tiempo de preparación
10 minutos
tiempo de cocción **30 minutos**

3 cucharadas de **aceite de oliva al chile**
1 **diente de ajo** aplastado
25 g de **queso parmesano** recién rallado
100 g de **pesto de tomates secos** (*véase* receta)
500 g de **polenta instantánea**
250 g de **tomates cherry** cortados en mitades
½ **cebolla roja** pequeña en juliana muy fina
15 g de **perejil** picado
15 g de **cebollino** picado
50 g de **olivas negras** fileteadas
50 g de **piñones**
2 cucharadas de **glaseado balsámico**
sal

Mezcle 1 cucharada de aceite con el ajo, el parmesano y el pesto. Corte la polenta horizontalmente en dos lonchas finas, y cada loncha por la mitad, para obtener 4 trozos. Corte cada trozo por la mitad en horizontal y utilícelos para formar 4 sándwiches con el relleno.

Dispóngalos ligeramente separados en una fuente de horno y hornee a 190 °C, 5 de gas, durante 15 minutos.

Mientras tanto, mezcle los tomates con la cebolla roja, el perejil, el cebollino, las olivas, los piñones y un poco de sal. Disponga estos ingredientes sobre la polenta y hornee 15 minutos más.

Bata el resto del aceite con el glaseado balsámico. Sirva la polenta con el resto de ingredientes encima y rocíe con el preparado anterior. Acompañe con una ensalada de roqueta.

Para preparar pesto de tomates secos casero, escurra 125 g de tomates secos en aceite y píquelos. Mezcle en un mortero o con un robot de cocina 50 g de piñones, 2 dientes de ajo y 65 g de parmesano rallado. Obtenga una pasta espesa con 125 g de aceite oliva y salpimiente. Esta salsa se puede guardar, tapada y en la nevera, hasta 5 días.

sopa de pimientos rojos

4 raciones
tiempo de preparación
   15 minutos
tiempo de cocción **35 minutos**

2 **cebollas** muy picadas
2 cucharadas de **aceite de oliva**
1 **diente de ajo** aplastado
3 **pimientos rojos** sin semillas y
   picados
2 **calabacines** muy picados
900 ml de **caldo vegetal** (*véase*
   pág. 190) o **agua**
sal y pimienta

para la **decoración**
yogur natural o **nata para
   montar**
cebollino picado

Ponga las cebollas en una olla grande con el aceite y sofríalas
a fuego suave durante 5 minutos o hasta que estén tiernas
y doradas. Añada el ajo y sofría 1 minuto más.

Añada los pimientos y la mitad de los calabacines y saltee
durante 5-8 minutos o hasta que estén tiernos y dorados.

Incorpore el caldo o el agua con sal y pimienta y lleve
a ebullición. Baje el fuego, tape la olla y deje cocer durante
20 minutos.

Cuando las verduras estén tiernas, redúzcalo todo a un puré
suave, por tandas, y vuelva a ponerlo en la olla. Salpimiente
al gusto, recaliente y sirva con el resto de calabacín picado.
Adorne con yogur o con un chorrito de nata y cebollino picado.
Esta sopa, que aporta energía y es reconfortante, resulta ideal
para cualquier comida y está tan buena fría como caliente.

Para preparar pimientos a la provenzal, caliente
1 cucharada de aceite y sofría 2 cebollas en juliana.
Añada 4 pimientos rojos en rodajas y 1 diente de ajo
aplastado y saltee durante 5 minutos. Incorpore 400 g
de tomates en conserva, 2 cucharadas de hierbas frescas
picadas, sal y pimienta. Lleve a ebullición, baje el fuego
y deje cocer sin tapar durante 15 minutos. Sirva caliente
o frío.

puerros y pimientos rehogados al vinagre balsámico

4 raciones
tiempo de preparación
5 minutos
tiempo de cocción **20 minutos**

2 cucharadas de **aceite de oliva**
2 **puerros** cortados en trozos
de 1 cm
1 **pimiento naranja** sin semillas,
cortado en trozos de 1 cm
1 **pimiento rojo** sin semillas,
cortado en trozos de 1 cm
3 cucharadas de **vinagre
balsámico**
un puñado de **perejil de hoja
plana**, picado
sal y pimienta

Caliente el aceite en una cazuela, añada los puerros y los pimientos y remueva. Tape la cazuela y deje cocer a fuego muy suave durante 10 minutos.

Añada el vinagre balsámico y deje cocer 10 minutos más sin tapar. Las verduras deben quedar marrones por el vinagre y el líquido debe evaporarse por completo.

Salpimiente y añada el perejil picado inmediatamente antes de servir.

Para preparar cebollas rehogadas al vinagre balsámico, ponga 500 g de cebollitas peladas en una cazuela con 3 cucharadas de vinagre balsámico, 3 cucharadas de aceite de oliva, 40 g de azúcar mascabado claro, 2 cucharadas de pasta de tomates secos, varias ramitas de tomillo, un puñado de sultanas y 300 ml de agua. Lleve a ebullición, baje el fuego y deje cocer durante unos 40 minutos, hasta que las cebollas estén tiernas y la salsa espese. Sirva calientes o frías.

arroz especiado salteado con ensalada de espinacas

3-4 raciones

tiempo de preparación
10 minutos

tiempo de cocción **10 minutos**

4 **huevos**
2 cucharadas de **jerez**
2 cucharadas de **salsa ligera de soja**
1 manojo de **cebolletas**
4 cucharadas de **aceite para freír** o para **wok**
(*véase* pág. 11)
75 g de **anacardos sin sal**
1 **pimiento verde** sin semillas y muy picado
½ cucharadita de **cinco especias chinas molidas**
250 g de **arroz de grano largo hervido**
150 g de **espinacas baby**
100 g de **brotes de garbanzos verdes** o 50 g de **brotes de guisantes**
sal y pimienta
salsa de chile dulce para servir

Bata los huevos con el jerez y 1 cucharada de la salsa de soja en un cuenco pequeño. Corte 2 cebolletas en trozos de 7 cm, y después a lo largo en tiras finas. Déjelas en un cuenco con agua muy fría para que se ricen un poco. Pique bien el resto de las cebolletas y mantenga separadas las partes blancas de las verdes.

Caliente la mitad del aceite en una sartén o un wok grandes y sofría los anacardos y las partes verdes de las cebolletas, impregnándolos bien con el aceite, hasta que los anacardos se doren ligeramente. Retire con una espumadera.

Añada a la sartén las partes blancas de las cebolletas y saltee durante 1 minuto. Incorpore los huevos batidos y caliente sin dejar de remover hasta que los huevos empiecen a cuajarse.

Agregue el pimiento verde y las cinco especias con el resto del aceite y saltee durante 1 minuto. A continuación, añada el arroz cocido y las espinacas con el resto de la salsa de soja. Mezcle bien los ingredientes hasta que las espinacas se ablanden.

Vuelva a poner los anacardos y las cebolletas en la sartén con los brotes y salpimiente al gusto. Sirva con las tiras rizadas y escurridas de cebolleta y con la salsa de chile dulce.

Para preparar arroz especiado salteado con maíz baby,
sustituya las espinacas por media col china pequeña, picada, y 200 g de maíz baby cortado en rodajas. Añádalos a la sartén en el cuarto paso, con el pimiento verde.

gratén de alubias y yogur a las especias

4 raciones
tiempo de preparación
15 minutos
tiempo de cocción **1 hora**

2 cucharaditas de **semillas de comino**
2 cucharaditas de **semillas de hinojo**
10 **vainas de cardamomo**
800 g de **alubias rojas** escurridas
4 cucharadas de **aceite de oliva**
1 **cebolla grande** picada
1 **chile rojo medio**, sin semillas y cortado en láminas muy finas
ralladura muy fina de 1 **limón**
2 **dientes de ajo** aplastados
25 g de **pan rallado**
100 g de **almendras peladas**
50 g de **sultanas** o **pasas** picadas
2 **huevos**
300 g de **yogur natural**
2 cucharaditas de **miel**
50 g de **queso chedar** rallado
3 **hojas de laurel**
sal y pimienta

Aplaste el comino, el hinojo y el cardamomo con un mortero. Cuando las vainas de cardamomo estén abiertas, retire las cáscaras y machaque ligeramente las semillas. Mézclelas con las alubias en un cuenco y aplástelas ligeramente con un tenedor.

Caliente el aceite en una fuente para horno de 1,5 l de capacidad o en una cazuela refractaria y sofría la cebolla a fuego suave durante 5 minutos. Añada dos tercios del chile (reserve unas cuantas rodajas para decorar), la ralladura de limón y el ajo y retire del fuego.

Añada al cuenco con las judías el pan rallado, las almendras, las sultanas o las pasas, 1 huevo y un poco de sal. Mezcle bien y vierta esta mezcla en la fuente o la cazuela. Extiéndala formando una capa uniforme y compáctela con cuidado.

Bata el otro huevo en un cuenco con el yogur, la miel y una pizca de sal y pimienta. Vierta la mezcla sobre las judías y extiéndala para formar una capa uniforme. Reparta por encima las hojas de laurel y las rodajas de chile reservadas. Hornee a 160 °C, 3 de gas, durante unos 50 minutos, hasta que la capa superior cuaje un poco. Sirva caliente.

Para preparar ensalada de lechuga iceberg para acompañar, pique una lechuga iceberg pequeña en un cuenco y añada un cuarto de pepino pelado y cortado en rodajas finas y medio manojo de cebolletas muy picadas. Mezcle la ralladura y el zumo de 1 lima con 3 cucharadas de aceite de cacahuete y 1 cucharada de miel ligera y salpimiente. Remueva y sirva.

risotto verde

4 raciones
tiempo de preparación
10 minutos
tiempo de cocción **30 minutos**

125 g de **mantequilla**
1 cucharada de **aceite de oliva**
1 **diente de ajo** aplastado
 o picado
1 **cebolla** muy picada
300 g de **arroz para** *risotto*
1 l de **caldo vegetal** caliente
 (*véase* pág. 190)
125 g de **judías verdes**
 troceadas
125 g de **guisantes**
125 g de **habas**
125 g de **espárragos** troceados
125 g de **espinacas baby**
 picadas
75 ml de **vermut seco**
 o **vino blanco**
2 cucharadas de **perejil** picado
125 g de **queso parmesano**
 recién rallado
sal y pimienta

Funda la mitad de la mantequilla con el aceite en una olla grande, añada el ajo y la cebolla y sofría a fuego suave durante 5 minutos.

Añada el arroz y remueva bien para impregnar cada grano con la mezcla anterior. Vierta suficiente caldo para cubrir el arroz y remueva. Deje cocer a fuego lento, remueva con frecuencia.

Cuando el arroz haya absorbido casi todo el líquido, añada más caldo y remueva bien. Continúe agregando caldo gradualmente, remueva hasta que se absorba y el arroz quede *al dente*; le llevará unos 25 minutos. Es posible que no necesite todo el caldo. Añada las verduras y el vermut o el vino, mezcle bien y deje cocer 2 minutos.

Retire la olla del fuego, salpimiente y añada el resto de la mantequilla, el perejil y el parmesano. Mezcle bien y sirva.

Para preparar *risotto* **con azafrán y tomate**, prescinda de los guisantes, los espárragos y las espinacas de la receta. Añada 75 g de piñones a la olla cuando funda la mantequilla. Dórelos y retírelos antes de añadir el ajo y las cebollas. Desmenuce 1 cucharadita de azafrán en hebras con el arroz. Añada 300 g de tomates cherry cortados en mitades al final del tercer paso y caliéntelos durante 2-3 minutos. Por último añada los piñones y un puñado de hojas de albahaca picadas.

gratén de calabaza, puerro y patata

4 raciones
tiempo de preparación
30 minutos
tiempo de cocción **2 horas**

4 cucharadas de **salsa
de rábano picante**
1 cucharada de **tomillo** picado
300 ml de **nata para montar**
1 **puerro** grande muy picado
100 g de **nueces** picadas
500 g de **calabaza**
750 g de **patatas para asar**
cortadas en rodajas finas
150 ml de **caldo vegetal**
(*véase* pág. 190)
50 g de **pan rallado**
40 g de **mantequilla** fundida
2 cucharadas de pipas
de calabaza
sal

Mezcle en un cuenco la salsa de rábano picante con el tomillo y la mitad de la nata. Añada el puerro y las nueces (reserve 2 cucharadas) y mezcle bien.

Trocee la calabaza; deseche la cáscara y las semillas. Corte los trozos en lonchas finas.

Reparta la mitad de las patatas en una fuente para horno de 2 l de capacidad. Salpimiente y cubra con la mitad de la calabaza. Distribuya por encima la mezcla de puerros formando una capa uniforme. Coloque el resto de la calabaza, y por último la otra mitad de las patatas. Espolvoree con sal.

Mezcle el resto de la nata con el caldo y vierta sobre las patatas. Mezcle el pan rallado con la mantequilla y extiéndalo por encima. Reparta las pipas de calabaza y el resto de las nueces. Cubra con papel de aluminio y hornee a 180 °C, 4 de gas, durante 1 hora. Retire el aluminio y hornee durante 45-60 minutos más, hasta que la capa superior esté dorada y las verduras resulten tiernas (compruébelo con un cuchillo).

Para preparar gratén picante de calabaza y patata, utilice un chile muy picado o 50 g de raíz fresca de jengibre rallada en lugar de la salsa de rábano picante. Sustituya el puerro por 1 manojo grande de cebolletas muy picadas. Hornee como se indica en la receta, hasta que las verduras estén tiernas.

sopa de miso rápida y fácil

4 raciones

tiempo de preparación
10 minutos

tiempo de cocción **10 minutos**

1 medida de **caldo vegetal**
(*véase* pág. 190)

2 cucharadas de **pasta de miso**

125 g de **setas** *shiitake*
fileteadas

200 g de **tofu firme** cortado
en dados

Ponga el caldo en un cazo y caliéntelo.

Añada la pasta de miso, las setas y el tofu y deje cocer a fuego suave durante 5 minutos. Sirva inmediatamente con arroz.

Para preparar arroz glutinoso para acompañar, lave 300 g de arroz glutinoso (cambie el agua varias veces) y escúrralo. Póngalo en un cuenco grande, cúbralo con agua fría y deje en remojo alrededor de 1 hora. Escúrralo y lávelo de nuevo. Póngalo en un cazo con 300 ml de agua y caliéntelo a fuego lento. Deje cocer durante 20 minutos o hasta que el agua se haya absorbido y el arroz esté tierno. Añada un poco más de agua si el arroz se seca antes de estar listo.

índice

agradecimientos

Editora ejecutiva: Nicky Hill
Editora: Kerenza Swift
Subdirectora creativa: Karen Sawyer
Diseño: Rebecca Johns, Cobalt id
Fotografía: Lis Parsons
Estilismo gastronómico: Joanna Farrow
Estilismo de accesorios: Liz Hippisley

Fotografía especial: © Octopus Publishing Group Limited/Lis Parsons

Otras fotografías: © Octopus Publishing Group Limited David Loftus 32, 74, 109, 144, 224, 231; Frank Adam 84, 92; Ian Wallace 19, 101, 183, 201; Lis Parsons 13, 34, 204, 235; William Lingwood 114, 122; William Reavell 12, 208.